내러티브 자문

치료를 위한 글쓰기 작업이 열리는 임상 공간

고모리 야스나가·아다치 에이코 공저 | **김유숙** 역

Narrative
Consultation

학지사

 역자 서문

번역을 할 때마다 드는 생각은 '번역을 하면서 배운다.'이다. 몇 권의 책을 번역했지만, 번역을 하면서 내게 또 다른 지평을 열어 준 책은 2004년에 발간된 『심리치료와 사회구성주의』였다. 이번 『내러티브 자문』은 그것에 새로운 소리를 덧쌓았다는 감정이 들었다.

이 책에서 체계론적 가족치료자인 린 호프만과 기안 프랑코 체친이 어떻게 체계이론이라는 주류의 물결에서 벗어나 새로운 흐름에 합류하게 되었는지에 대한 과정을 읽게 되면서, 분명하지 못했던 나의 해결중심 모델에 대한 부분은 사라질 수 있었다. 내가 지금까지 불편해했던 것은 어느 한 접근과 관련된 문제가 아니라, 지금까지 워크숍이나 논문을 통해 단편적으로 얻은 새로운 흐름의 전체를 볼 수 있는 기본 철학을 가지지 못했기 때문이라는 사실을 깨닫게 되었다. 이것의 핵심은 '사회구성주의'였는데 이 책에서 사회구성주의를 축으로 다양한 실천을 하는 임상가들을 만날 수 있었다. 지금까지 제각각처럼 보인 임상가들의 관계가 분명해졌으며, 이들의 작업이 서로 연결되어 있다는 점도 알게 되었다. 이들의 연결고리는 '현실은 사람들 사이에 구성되는 것이며, 이러한 현실구성에는 언어가 중요한 역할을 하고 있다'는 것이다.

이것은 『심리치료와 사회구성주의』의 서문의 일부로, 나는 이렇게 사회구성주의와 만났다. 『내러티브 자문』의 번역을 끝낸 20년 후의 지금의 나는 무엇이 달라졌는지 반문해 보았다. 그 시절에는 사회구성주의라는 새로운 물줄기를 발견하고 환호하면서 인식의 전환이라는 커다란 물줄기에 몸을 실었다. 그리고 이런 거대한 물줄기가 사실은 작은 물길들이 모여서 만들어진다는 걸 알지 못했다. 물줄기의 방향은 한 방향이 아니며, 심지어 거슬러 올라갈 수도 있다는 사실은 생각도 못한 채, 내가 올라탄 물줄기에서 벗어나지 않으려고 애썼다. 지금은 흘러가면서 보이는 작은 지류에도 관심을 가질 여유가 생겼고, 이 책의 번역은 그 같은 변화에 의해서 가능했다. 번역작업을 하면서 카리스마 넘치는 대가들에 가려서 좀처럼 관심을 받지 못한, 그러나 자신들의 임상적 실천을 즐긴 안데르센이나 페기 펜, 앤더슨 등과 재회할 수 있었던 것이 큰 수확이다.

고모리 선생님은 남다른 애정으로 그동안 많은 교류를 함으로써 한국에 잘 알려진 완화병동에 근무하는 의사이며, 이야기치료자이다. 이미 역자와 함께 저술한 『놀이를 활용한 이야기치료』(2013)로 이야기치료의 매력을 전해 준 바 있다. 또한 웰 다잉을 주제로 한 『존엄치료』(2011)라는 저서는 문서작성이라는 새로운 접근으로 호스피스의 실천 영역에도 많은 도움을 주고 있다. 고모리 선생님의 새로운 실천에 대한 도전 정신이 그대로 묻어 있는 이번 『내러티브 자문』에서도 글쓰기 작업인 병렬차트의 소개, 그것을 반영 과정에서 활용하는 자문의 형식은 우리나라 실천 영역에 많은 도움이 될 것이라고 확신한다.

새로운 기법에 관심이 있는 분이라면 이 책을 한 번 훑어 보면서 충분히 다양한 기법을 만날 수 있을 것이다. 그러나 두 번, 세 번 읽기를 계속하면 그 기법에 근간이 된 철학적 배경을 만나는 재미가 더해질 것이다. 그리고 읽기에 의해서 층이 두터워진다는 걸 실감할 수 있게 된다.

매번 새로운 책을 소개할 수 있는 기회를 제공해 주시는 학지사 김진환 사장님과 꼼꼼한 편집으로 읽기 편한 책으로 거듭나게 도와준 편집부 김현주 선생님께 감사의 마음을 전한다.

2023년
역자 김유숙

서문

인생은 종종 여행에 비유되거나, 때로는 마라톤에 비유되기도 한다. 그러나 어떤 비유를 하더라도 다행인 것은 인생에는 경쟁상대가 없다는 것이다. 마이클 화이트의 말이 떠오른다.

> 여행을 떠난다는 사실은 알고 있지만, 목적지는 확실하지 않으며, 그곳에 도달하는 길 역시 미리 정해져 있지 않다. 놀랄 정도로 그저 바라만 봐도 좋은 길을 통해서 미지의 목적지에 도달할 것이라는 사실만 알고 있다. 그리고 목적지에 다가서는 순간, 우리는 다른 경험세계에 발을 내딛게 될 것이다.
>
> (White, 2007)

목적지에 보다 좋은 것이 기다리고 있다는 확신이 있다면 문제해결을 향한 고속도로를 직진하면서 돌진해도 좋다. 그러나 도중에 펼쳐지는 풍경이 의외로 멋있는 것이라는 사실을 알게 된다면 당신은 어떻게 할 것인가?

***

어느 해 이른 봄, 어떤 내과의사로부터 강의를 의뢰받았다. 자신들의 연구모임에서 '내러티브 의학'에 대해 강의를 해 주면 좋겠다는 것이다. 결국 그녀에게 내러티브 의학의 문장작성 과제인 병렬차트(parallel chart, 역자 주: 의사에게 환자의 삶에 대해 쓰도록 요청하여 치료에 대한 성찰적 생각을 장려함으로써 의사와 환자의 관계를 개선하는 내러티브 의학의 기법)를 써 달라고 부탁하고 그날 후반부는 '마치 ~인 듯 사례회의'의 형식으로 진행하였다. 그것은 '병렬차트를 마치 ~인 듯으로 여는 것'이며, 지금까지 없었던 새로운 시도였다. 이 과정은 제9장에 서술한 것처럼 예상치 못한 놀라움을 주었다. 독자들에게는 이런 표현이 아직은 조금 낯설게 느껴질지도 모른다. 그러나 앞으로 이 책에서 계속 반복하여 언급될 것이므로 잠시 양해해 주기 바란다. 이 이야기에 대해 먼저 가치를 발견해 준 사람은 공저자인 아다치 에이코 씨다. 그녀는 이미 '내러티브 자문'이라는 새로운 용어를 만들어서 자신의 작업을 개념화하고 있었다. 문장, 영상, 음악 등 여러 가지 매체를 통한 다양한 형태로 반영하는 것에 많은 관심을 가지고 있었기 때문에, '병렬차트를 마치 ~인 듯으로 열기'라는 작업은 당연히 그 범주에 속한다.

***

'내러티브 자문'이라는 단어를 들으면서 '내러티브 치료 기법을 활용한 자문'을 떠올리는 사람이 많을 것이다. 투명성을 높이고 평등주의를 지향하며 다성성(역자 주: 러시아의 문학이론기 바흐친이 주창한 대화주의의 주요한 개념이다. 등장인물들이 작가의 단일한 의도에 따라 수동적으로 움직이는 존재가 아니라, 각자 독립적인 의식이나 목소리를 지닌 채 서로 대화관계에 들어가는 소설의 특징을 가리킴)에 충실한 실천을 말이다. 그렇게 해야 하는 것이 당연하지만, 단순히 내러티브의 기법을 그대로 사용한 것에 그치고 싶지 않았다. 만약 그렇게 한다면 그것은 화이트의 '치료자의 인생이라는 이야기'에 이미 뛰어난 실천이 자세하게 기록되어 있었다.

이번에 이런 실천을 제시하는 데 화이트의 '이야기로서의 가족'의 2/3가 문서 형식으로 기술되고 있다는 사실이 큰 역할을 했다. '문제의 외재화'와 '문서작업'이라는 새로운 기법으로, '내러티브'라는 키워드는 1990년대의 심리치료 영역을 휩쓸었지만, 그 후 이것을 실천하는 사람이 많지 않은 것은 무엇 때문일까? 2008년에 세상을 떠난 화이트는 말년에 내러티브 치료자들이 자신과 똑같이 되어 가고 있다고 투덜댔다고 한다. 결국 '내러티브 자문의 핵심은 병렬차트를 반영하는 실천에 있다.'는 사실을 이 책을 마무리하기 조금 전에 깨닫게 되었다.

***

여기서 문제가 되는 것은 사례를 나누기 원하는 지원자와 환자에 관한 기록을 주고받아야 한다는 것이다. 즉, 비밀유지의 의무를 준수하면서 보다 나은 치료를 위한 자문이 이루어져야 한다. 개인정보에 대한 정의는 현대에 들어서면서 시시각각으로 변화하고 있지만, '의료기록은 환자와 지원자 모두의 것이다.'라는 인식에는 변함이 없다. 그렇기 때문에 의료기록 그 자체를, 설령 그것이 일부일지라도(그리고 그 목적이 자문을 위한 것이라고 할지라도) 환자에게 알리지 않고 무단으로 사용해서는 안 될 것이다. 투명성의 관점에서는 자문에 대해서 환자에게 양해를 구하는 것이 바람직하지만, 환자에게 사전에 알림으로써 관계성 자체에 커다란 (부담이 되는 것이 부정적으로) 영향을 미치는 것도 자주 일어나는 일이다. 그렇다면 어떻게 할 수 있을까?

이 책에서 제안하는 내러티브 자문은 병렬차트를 반영하는 실천이 중심이 된다. 따라서 이것도 후반에 언급하지만, 우선 '병렬차트(의료기록에 쓸 수 없는 경험이 쓰여 있는 문서)'라는 정의 그 자체에서 해결의 실마리를 찾을 수 있는 것은 아닐까? 예를 들어, 병렬차트를 쓸 때 실제 의료기록은 참고하지 않으면서 글을 쓰는 자신을 일인칭으로 하여, 주인공을 자신으로 하는 등의 노력을 한다. 또한 구체적인 의료정보나 심리사회적 정보는 가능한 한 생략하고, 이야기 자체를 우화화(역자 주: 여기서 우화는 단순히 아이들의 교육을 위한 이야기가 아닌, 어떤 이야기에 저마다의 현재 상황을 겹쳐 보이도록 꾸며낸 이야기)하는 것을 추구한다. 극단적으로 말하면, 환자가 아니라 자신에 대한 것을 쓰는데 그때 딸려 나오는 환자에 관한 사항은 최대한 삭제한다. 이때 무엇을 얼마나 삭제하느냐의 방법은 쓰는 사람이 자신의 문제에 관한 이해의 반영과 연결되어 있다. 여기까지 이르면 병렬차트라기보다는 병렬 우화(parallel fable)라고 부르는 편이 좋을지도 모른다. 그리고 병렬차트는 메일과 같은 손쉬운 방법보다는 자문현장에서 직접 전하거나 우편으로 공유하는 것이 중요하다.

＊＊＊

　지금까지 탐구된 우리의 자문방법―쓴 것을 읽으면서 그것에 반응하는 구조에 신선미가 결여되었다기보다―이 왠지 모르게 뭔가 부족하다고 느끼는 것은 나만의 느낌일까? 사실, 그것은 일본 고대시가 창작 문학의 양식, 즉 '연회와 고독감'과 비슷한 것이다.[1] 한 사람이라도 더 많은 사람이 선호하는 것을 더해 가는 자문을 얻으면서 보다 자유로운 실천을 향할 수 있기를 바란다.

---

1) 오오카노부(大岡信)의 『연회와 고독감』(1978). 오오카는 원본의 노래 채취나 이어서 부르는 것이나 '함께 부르는' 것처럼 '연회'의 장에서 '합치는' 원리＝협조/경쟁을 지금 여기로 되놀리는 창작자의 '고독감'이 일본의 문예창작의 독자성이라고 묘사하고 있다.

차례

제1장

내러티브
자문으로

1. 내러티브 의학에서 내러티브 자문으로

한 사람이 자신이 작성한 병력차트를 읽기 시작하자, 주위는 조용해지면서 모든 사람의 귀는 그가 읽는 환자와 가족 그리고 의료진의 이야기에 집중한다. 읽는 사람의 목소리는 가끔 떨림이 있었고 어떤 때는 흥분하여 큰 소리를 내기도 한다. 그러나 분명한 것은 그러한 음조나 표현을 포함한 이야기는 살아 있는 듯 생동감이 넘쳐 듣는 사람들이 거기에 빨려 들어간다는 것이다. 자신이 직접 작성한 것도 아니었지만 이야기를 듣는 순간 그들에게는 어떤 정경이 펼쳐지고 그곳에 있는 소리가 들리면서 아픔이나 끈끈함은 더욱 선명해졌다. 단 몇 줄밖에 읽지 않았는데, 금방이라도 울 듯한 목소리로 읽어 내려가는 사람이 있는가 하면, 유머를 섞어 가면서 담담하게 읽는 문장에 눈물을 멈추지 못하는 청중도 있다. 그곳에는 이해되지 않는 일체감과 따뜻함이 있다. 이것은 지금 막 들은 이야기를 우리가 '알고 있기' 때문에 가능하다.

그리고 그것은 공유하는 단계에 이르면 이야기는 훌륭하게 확산한다. 청중 역시 자신이 가지고 있는 이야기를 읽는다. 그런 과정을 거치면서 들었던 이야기는 더욱 다채롭게 전개된다. 우리의 깊숙한 곳에 자리 잡은 기억들은 문장을 작성한 사람이 마주하고 있는 질문에 귀를 기울이면서 눈을 크게 뜨고 의외라는 듯이 '음……어쩜 그럴지도 몰라.'라고 납득된다는 표정을 짓는다. 문장에는 글

쓰는 사람이 '알지 못하는' 것도 쓰여 있다. 물론 그것은 글 쓰는 사람의 필력과는 무관하다. 이야기는 쓰인, 그리고 다시 쓰인, 읽히는 그리고 받아들여질 때마다 끊임없이 다양해진다. 환자와 임상가의 이야기는 몇 번이고 다시 태어나며, 태어나서 변한다.

＊＊＊

한 병원에 12명 정도의 의료사회복지사들이 모인 것은 어느 봄날, 토요일 오후였다고 기억한다. 샤론 등이 의료진의 교육프로그램으로서 제안한 '내러티브 의학'(Charon, 2006; Charon et al., 2017)을 위한 나의 첫 시도였다. 레베카 브라운(Rebekah Brown)의 『몸의 선물』[1]을 읽고, 그것으로부터 떠오른 의료기록에는 쓰여 있지 않은 환자 또는 환자와 자신에 대한 이야기적 기술, 즉 '병렬차트'를 A4 용지 한 장에 써서 당일 지참하도록 참가자에게 미리 부탁했다. 전반 30분 정도는 간단하게 강의를 진행했으나, 후반에는 한 명씩 작성해 온 문장을 읽고, 그 후 15~20분 정도의 시간에 걸쳐서 그것을 공유했다. 이런 과정을 모든 참가자에게 반복하여 실시했다. 사회복지사들이 무엇을 써 올 것인지, 그리고 그것을 서로 읽으면서 어떤 경험을 만들어 갈 것인지에 대해서는 어떤 예측도 하지 못했다. 그런데 그것은 나의 상상을 뛰어넘은 진한 감동의 시간을 만들어 냈다.

이런 계기를 통해 병렬차트에 매력을 느끼게 된 나는, 내러티브

---

1) 레베카 브라운의 『몸의 선물(The Gifts of the Body)』은 에이즈 환자와 그를 케어하는 사람들을 둘러싼 연작 단편집이다. 다른 사람을 케어하는 직종 종사자를 내러티브 의학으로 이끌 때 가장 적절한 교재라고 생각한다.

의학이 표방하는 내러티브 능력(narrative competence)과 그것을 향상시키기 위한 내러티브 훈련(narrative training)이라는 아이디어와 함께 그것에 기여하는 '글쓰기(writing)'의 능력에 대해 관심을 가지게 되었다. 그중에서도 글쓰기 작업이 내담자/환자를 둘러싼 반영적 글쓰기(reflective writing)라면, 그것을 공유하는 경험을 함으로써 글쓰기 작업에 의한 새로운 소리를 부여받은 사례는 또다시 여러 소리를 품으면서 넓혀지고, 검토되면서 자문의 공간을 만들어가는 것은 아닐까라고 생각하게 되었다. 진단이나 개입의 성과를 판단하거나 정답을 찾으면서 조언을 해 주는 기존의 자문과는 결이 다르다. 문장을 작성한 사람도 생각하지 못한 질문이나 예상하지 못한 공명을 경험하면서 눈을 동그랗게 뜨고 반쯤 턱을 떨어뜨리면서 '그렇구나'라고 혼잣말을 할 때, 사례는 열리게 된다. 이것이야말로 사례가 '내러티브적으로' 되어 간다고 말할 수 있는 자문이 아닐까?

2. '내러티브적으로' 이끄는 자문이란

그렇다면 사례를 '내러티브적으로' 이끄는 자문, 즉 내러티브 자문이란 어떤 과정이나 진행을 가리키는 것인가?

- 내러티브 접근이 지향하는 입장을 전제로, '문제의 원인'이나 '사례의 본질'이나 '내담자의 진의'나 '올바른 개입'이나 '해야만 하는 지원자(역자 주: 여기서는 자문을 위해 사례를 제공하는

사람을 지원자로 지칭함)의 자세'를 추구하지 않고, 지원자의 실
천과 내담자의 이익에 공헌하려는 자문의 방법과 실천을 탐
구하는 것
- 사례나 상황을 하나의 결론으로 이끈 것을 지양하고, 오히려
넓혀 가면서 다양성을 그대로 유지하며, 그것에서 어떻게 여
러 개의 이야기를 만들어 낼 수 있는가에 전념하는 것
- 그리고 그 속에서 지원자나 팀은 물론, 동시에 내담자와 그 가
족이 활용할 수 있는 선택지를 늘려 가는 것

이러한 사례나 경험을 열어 가는 것을 지속적으로 지향하며 사
람들을 케어하는 직종이나 또는 임상현장에서의 여러 가지 형태의
협력적인 지원을 내러티브 자문이라고 부르고 싶다.

내러티브 접근이란 사람들이 내러티브(이야기, story)라는 형식
으로 태어나는 것에 관심을 가지며, 그 관점에서 사람과 세상을 이
해하여 적극적인 개입을 시도하려는 모든 행위를 의미하는 것으로
보다 넓게 생각할 수 있다. 이때 언어는 그것에 선행하여 존재하는
사물이나 사건, 경험을 그려 내는 수단이 아니며, 또한 그것을 그대
로 찍어 내는 행위 역시 내러티브(말한 것을 다시 말하기, retelling)가
아니라는 것을 지향하는 자세가 중요하다. 여기서는 사물이나 사
건, 경험은 사람들의 살아가는 세계를 구성하면서, 드러나는 행위
로서 내러티브를 선택하는 포스트모더니즘에서의 공유된 언어론
적 회전(linguistic turn)이 강조된다.

그렇기 때문에, 내러티브 자문에서는 접근하려고 하는 사례나
경험, 또는 사람들의 내러티브에 앞서 확인해야 하는 것은 무엇

인가에 머물지 않는다. 사례는 말해지는 하나의 이야기, 내러티브로서 드러나는 것이다. 거기에 이것은 다른 방법으로 다양하게 이야기하는 사람이나 이야기하는 방법, 청자와 그것을 듣는 방법에 따라 이야기를 열어 가는, 즉 보따리를 정중하게 풀어서 여는(unpack) 것과 같다. 어쩌면 그보다 경작에 가까워서 새로운 씨를 뿌리고 기다리며 재배하는(cultivate) 과정을 통해서 지금까지와는 다른 내러티브를 만들어 가는 것이 자문의 핵심이라고 말할 수 있다. 그리고 그 속에서 내담자/환자와 지원자 모두가 선택할 수 있는 방법을 발견할 수 있도록 지지해야 한다. 이와 같은 맥락을 사례가 '내러티브적으로' 되는 과정이라고 설명하고 싶다.

'자문'이라는 개념을 명확하게 정의했다고 알려진 정신건강의학과 의사 캐플란은 정신건강 영역에서 자문이란 두 사람의 전문가(그중 한쪽을 자문가라고 부르며, 다른 한편을 의뢰인이라고 부름)의 상호작용 과정이며, 의뢰인이 자신이 담당한 내담자와 관련된 특정 문제를 효과적으로 해결할 수 있도록 자문가에게 도움을 요청하는 관계를 지칭한다(Caplan, 1970). 이러한 정의 이후, 자문의 특징으로서 공유되고 있는 것을 정리하면 다음의 네 가지일 것이다.

① 자문가는 의뢰인과 다른 전문성을 가지거나 또는 어떤 조직
　이나 기관의 외부에 있는 전문가일 것
② 자문가와 의뢰인은 각각 전문가로서 대등한 관계이며, 자문
　은 두 사람의 협력적인 과정일 것
③ 자문가는 의뢰인 자신이 내담자의 문제해결을 향한 책임을
　가지도록 간접적인 도움을 주는 존재이며, 내담자에 대해서

직접적인 책임은 지지 않을 것

④ 자문에서 다루는 것은 특정 문제, 즉 개별 사례나 팀이나 조직에 관한 한정적 과제로 국한할 것

자문은 다른 영역 또는 외부의 전문가여야 한다는 자문에 대한 요건은 동일한 전문성을 가진 슈퍼바이저가 계층적 관계를 가지면서 일정 기간 동안 수퍼바이지의 지도 감독, 교육 또는 역량강화를 꾀하며, 내담자에 대한 관여와 문제해결에 공동으로 책임을 지는 슈퍼비전과는 분명한 차이가 있다. 이러한 차이를 감안하여, 내러티브 자문에서의 전문성을 보다 명확히 하고 싶다. 여기서의 전문성은 내러티브 관점을 유지하면서 사례를 넓히기 위한 맥락을 만들고 의뢰인이나 거기에 참여하는 사람들이 다성적(multivoiced)이거나 다층적(multistoried)인 방향으로 향할 수 있도록 안내하는 자세를 의미한다. 어느 쪽이든 간에 내러티브 자문 역시 아직 다른 사람을 케어하는 직종인 의뢰인과 사례를 열어 가는 파트너 또는 안내자로서 전문성을 발휘하면서 자문에 임하는 것이므로, 개인정보 보호와 비밀유지가 담보된 전문직의 협력 과정이라는 점을 잊어서는 안 된다.

그렇다면 자문에는 어떤 형식이 있을까? 일반적으로 자문이 중심이 되는 것은 구체적인 개별사례에 대한 상담이나 조언을 구하는 사례자문이다. 그것의 가장 간단한 형식은 의뢰인이 다른 한편의 자문가에게 사례를 설명하면서 조언을 구하는 사례 컨설팅(개별사례/증상에 대한 논의)일 것이다. 그런데 실제로는, 사례자문이 다른 직종이나 그 같은 검토과정을 통해 무언가를 배우려는 사람이

나 또는 검토과정에 어떤 기여를 하려는 사람들이 함께 참여하는 사례 콘퍼런스(사례/증상회의)의 형태로 이루어지는 경우가 종종 있다. 또는 의뢰인이 사례 검토과정에 자문가를 초대하고 그 과정을 연구로서 발전시키면서 문서화(논문, 보고서로 정리)하는 경우도 있는데, 그것은 협력적인 '사례연구(사례/증상연구)'라는 성과로 연결될지도 모른다.

때때로 자문은 팀이나 조직의 과제 대응이나 관리에 대한 예방적인 관점도 포함하여 의논하면서 조언을 받고 싶다는 요구에 대응하기도 한다. 이러한 팀 자문에 대해서도 '컨설팅' '케이스 콘퍼런스' '스터디'라는 세 가지의 경우를 상정해 볼 수 있다.

내러티브 자문 역시 이런 형식인 '컨설팅' '케이스 콘퍼런스' '스터디'라는 형식을 떠올릴 수 있다. 그러나 이처럼 다른 영역이나 외부의 전문성을 가진 자문가로부터 새로운 정보나 지식, 기술을 제공받거나 조언이나 지도를 포괄적으로 받으면서 일회성의 해결방법을 찾는 일반적인 자문과 달리, 내러티브 자문은 오히려 사례나 상황에 대해 집중하면서 의뢰인 스스로가 여러 개의 관점이 존재한다는 것을 느끼도록 하는 것이다. 그리고 그것이 여러 층으로 중첩된 구조를 가진다는 것을 경험하면서, 그중에 잠정적으로 타당한 것을 선택하여 실천을 향하도록 조언하는 과정으로서 자문을 활용한다. 그러한 자문은 엄밀한 의미에서 지도감독이라는 슈퍼비전과는 다른 것으로, 지원자 자체를 보호하고 육성하고 단련하는 과정이라고도 말할 수 있다. 그렇다면 이러한 내러티브 자문을 구체적으로 전개해 가면서도 그 같은 생각을 지지하는 구조나 소개가 되는 것은 무엇일까? 나는 거기에 빼놓을 수 없는 것으로서 반영 과정을 들고 싶다. 그리고 더불어 그것을 쌓아 가는 것으로서 글쓰기 작업도 강조하고 싶다. 여기서는 먼저 반영 과정에 대해 언급하려고 한다.

3. 반영 과정과 공명

내러티브 자문의 핵심은 사례를 넓히는 것을 지향하는 것인데, 그것을 구체적으로 실천하려면 반영 과정이 전제되어야 한다.

반영 과정은 톰 안데르센 등이 1985년에 시도한 반영팀을 출발점으로, 그 후 다양하게 검토되면서 임상현장에서 활용되는 대화방법이나 경험을 말한다. 안데르센은 반영 과정에 대해 자신이 가진 기본적인 생각은 지속적으로 변화하고 있으므로 정형화하지 않으면서 응용의 범주를 넓히고 있다는 점을 강조해 왔다(Andersen, 1987, 1991, 1992, 2007; Anderson & Jensen, 2007). 그러나 "이 과정은 '청자'가 되는 것에 의해 일어나는 자신의 '내면'과의 대화와 '화자'가 되는 것에 의해서 일어나는 '외부'에 있는 다른 사람과의 대화라는 두 개의 구조로 나뉘어, 그 사이를 왔다 갔다 하는 것을 의미하는 것"(Andersen, 1992)이며, '외적 대화(outer talk)=말하는 것'과 '내적 대화(inner talk)=듣는 것'의 왕래라는 특징이 있다. 반영적 대화는 '처음의 대화' '반영하는 대화' 그리고 '반영하는 대화에 대한 응답'의 3개 파트로 구성되었다고 이해하는 것이 단순하지만 가장 알기 쉬운 이미지이다(Andersen, 2007).

말하는 것과 듣는 것을 명확하게 나누어 진행하는 반영 과정은 변화를 불러일으키고 사건이나 경험을 넓히면서 새로운 것으로 만드는 힘을 가지고 있다. 안데르센은 그런 것이 가능한 이유를 베이트슨(G. Bateson)의 '차이를 만들어 내는 차이'로부터 찾으려 했다. 변화를 위해서는 대화에 크지 않지만 그렇다고 작지도 않은 적당한 차이를 초래하는 것, 즉 '여느 때와는 다르지만 지나치게 다르지 않은 무언가를 제공하는 것'(Anedrsen, 1991)이 중요하다. 그는 대화와 대화가 이루어지면서 자연스럽게 생기는 '멈춤(pause)'과 거기에 이루어지는 대화와 그 과정에 대한 충분한 '다시 생각하기(after thought)'가 적당한 차이를 이끄는 원천이 되며, 반영 과정의 초점이 된다고 말했다.

변화에 대한 기대를 가지고 내담자나 가족이 참여하는 치료에서도 안데르센은 '처음의 대화'에 임했던 사람들이 주변으로 밀려 나지 않으면서 대화를 편안하게 이어 갈 수 있는 상황을 만들려고 노력했다. 사람들이 실제 말한 것이나 사용했던 언어에서 벗어나지 않으면서도 비판이나 부인 같은 것과는 거리를 두며 반영하는 사람들은 서로를 향하지만, '처음의 대화'를 한 화자에게만 눈을 돌리지 않는다는 것이 반영의 규칙이다. 이러한 반영의 규칙은 화자를 지속적으로 중심에 두지만, 동시에 대화에서는 떨어져 있도록 하는 것까지를 포함한 안정성이나 자유를 보장하려는 것이다. 안데르센은 사람들의 이런 중심화를 유지하기 위한 반영은 특히 코멘트보다 질문이 바람직하다는 점을 강조했다.

한편, 내러티브 치료에서 마이클 화이트가 언급한 '외부인증자'에 의한 인증예식(White, 1995, 1997, 2007)은 반영팀에서 아이디어를 얻어서, 내적 대화와 외적 대화의 분리와 교류라는 형태를 공유하면서 청중에 의한 인증(acknowledgment)에 역점을 둔 실천적 버전이라고 생각할 수 있다. 종속화된 이야기를 발굴하여 그들이 가진 힘을 회복시키려는 내러티브 치료에서는 인증에 부여된 역할의 크기가 자문이라는 맥락에도 그대로 적용된다. 내러티브 자문은 어떤 정답이나 원리로부터 의뢰인이나 그들이 행한 지원의 실천을 판정하고 평가하여 관점의 오류나 능력 부족을 교정하거나 보완하려는 시도를 하지 않는다. 의뢰인은 무엇보다 사건이라고 불리는 상황 속에서 살아가고 있는 사람들이 다양한 형태로 인증되며, 다각적인 이해나 여러 생각에 의해 그 사람들이 배제되지 않도록 보호하면서, 있는 그대로에서 자문이 유지되는 것에 관심이 향하고 있기 때문이다.

인증예식의 단계는 안데르센이 제창한 반영 과정과 마찬가지로 간단하다(White, 2007).

① 인증예식의 대상이 되는 사람에 의한 중요한 삶의 이야기 언급하기
② 외부인증자로서 초대받은 사람들에 의한 이야기 재진술
③ 인증예식의 대상이 되는 사람에 의한 외부인증자의 재진술에 대한 재진술

이때 제2단계는 외부인증자에 의해 재진술이라고 불리는 반영 파트이며, 그것의 핵심단어는 '공명(resonance)'이다. 화이트는 앞에서 언급한 재진술을 구조화하는 질문을 다음의 네 가지 범주로 명시하였다.

① 표현에 초점을 맞추는 것

② 이미지에 초점을 맞추는 것

③ 개인적 공명(personal resonance)

④ 황홀한 상태=이동(transport)

안데르센과 마찬가지로 화이트도 재진술이 '인증'되어야 하는 사람들의 것에서 벗어나지 않도록 탈중심화를 해야 한다고 강조하고 있다. 그러나 외부인증자의 재진술은, 말하는 것에 대한 청자에게 떠오른 이미지의 묘사나 '자신의 역사 속 어떤 경험에 등불을 밝혔는지 또는 기억 속에서 남아 있는 것을 말하는' 개인적 공명이 오히려 권장되었다. 반영하는 것에 자신의 비유나 이미지를 포함함으로써 반영하는 사람의 중심화와 연결을 독려하고 있어서 자신의 경험이나 이야기와는 거리를 유지하는 안데르센과는 큰 차이가 있다.

인증예식에서 '공명'이란 이야기에 서로에게 와닿은 또 다른 이야기를 쌓아 가면서 적당한 차이로서 작용하여, '인증'되어야 하는 사람들의 표현과 현실을 증폭하는 것에 대한 기대가 있다. 이때, 개인적인 이미지나 공명에 대한 말하기를 함으로써 중심이 외부인증자 쪽으로 이동할 수 있다는 염려가 대두될 수 있다. 화이트는 이것에 대해 집단의 다른 구성원들이 원래의 표현을 존중해야 한다는 것을 알리려고 노력하면서 탈중심화의 책임을 함께 담당할 것이라고 말했다. 또한 인증예식의 마지막에는 참가자들이 한자리에서 모여서 이 과정을 되돌아보고 서로에게 질문을 하는 탈구축이라는 네 번째 단계를 가지게 되면서 탈중심화는 지속적으로 유지될 수 있다. 질문의 의도나 대답의 배경에 대해서 서로에게 알리는 투명화 과정을 통해서 재진술이 가지는 전통성이나 권위가 실린 어조를 불식하면서, 인증해야 하는 사람과 그의 이야기를 지속적으로 중심에 놓는 구조를 실현하려고 했다.

안데르센은 자신을 중심화하지 않고 적절한 차이를 인식하는 반영을 자연스럽게 불러일으키는 멈춤과 거기서의 '다시 생각하기'로 연결했다. 이것은 직관적인 것(Andersen, 1992)으로, 종종 '보고, 느끼고, 듣고, 그리고 생각하지 않는'(Malinen et al., 2012) 장소에서 이루어지는 것으로도 언급된다. '생각하지 않는' 동시에 '다시 생각하기'에서 언급되는 모순에 관심을 가지면서, 직관이야말로 검토해야 하는 것이라고 언급한 화이트는 이런 점에 있어서도 대조적이었다.

내러티브 자문에서 반영 과정의 정답이 바로 눈앞에 있는 것은 아니다. 이렇게 말하면서도 그런 상황이 전문직끼리의 협력이라는 구조와 대등성이 유지되거나, '공명'을 포함한 반영의 자유도와 폭을 넓히는 것은 지향하는 다양한 소리에 연결될 수 있다. 자문을 통해 서로의 성장에 의미를 둔다면, 거기에는 탈구축의 단계를 가지는 것도 좋다. 그것은 자문의 구조 자체를 완전히 뒤바꾸는 것이며, 그것이 사례에 반전을 불러일으켜서 이해를 널리 퍼지게 할 가능성도 있다.

그러나 어쨌든, 화이트는 반영 과정에서 오픈 자체가 그대로 이익이 되는 것은 아니라고 강조하였다(White, 1995). 서로 이야기하는 장에서 힘이 불균형하거나 스스로의 특권적 입장에 대한 자각이나 배려가 결여될 때, 또는 말 이외의 언어에 대한 세심한 감수성을 등한시했을 때는 반영 과정이 자신들이 기대한 것처럼 훌륭하고 멋진 자문과는 반대의 결과를 초래할 수도 있다. 안데르센의 금욕적인 자세는 우리들의 마음을 다잡는 데 도움이 되는 지침이 된다. 반영 과정은 닫혀 있는 고정화된 것으로, 반복되는 방법론이 아닌, 우리들의 모색이나 실천이 이어지는 것을 허락하는 기술로서 제공되고 있다.

제2장

글쓰기 작업과 다성화

1. 글쓰기 작업: 표현/다시 제시하기라는 윤리

아사쿠사행

그 양로원에서는 낮은 음이 새어나오는 텔레비전 앞이 그의 단골 자리이다. 이름을 부르면서 악수를 청해도 그의 표정은 변하지 않는다. 그럼에도 언제나 그가 시선 안에 강제로 들어와 있어서 항상 말을 걸게 된다.

"추워졌네요. 올해 파 수확은 어떨 것 같나요?"

그는 귀찮은 듯이 마지못해 얼굴을 들었다.

그는 기타 간토오 지방 출신으로 이곳에서 60년이라는 긴 세월 동안 파를 경작해 온 사람이다. 그가 경작해 오던 막대한 토지를 이어받을 사람이 없자, 그는 담담하게 하나도 남기지 않고 모두 처분했다. 그리고 얼마 지나지 않아서 갑자기 모든 사람이 알아차릴 정도의 기억 부조화가 일어났다.

불현듯 떠오른 것처럼

"밭. 볼래?"

라고 내게 말을 걸면서 일어섰다. 겨울 해가 들어오도록 커튼이 제쳐진 열리지 않는 창문에 이마를 밀어붙이면서

"이거, 전부, 내 밭."

이라고 자랑스러운 듯 말했다. 보이는 것은 시든 화단과 직원들의 경차가 줄지어 있는 주차장……

"넓군요."

"넓지, 저 산부터 내려오는 찬 공기는 파에게는 좋은 거야."

아련한 저쪽에는 분명히 이 지역에 위치한 산줄기가 희미하게 보였다. 잠시 서서 그것을 같이 바라보니, 왠지 흔들리는 파의 달인이 보이는 것 같은 기분이 들었다.

"도리 나베(역자 주: 새고기를 주로 한 냄비요리), 갈까?"

아마, 이제 우리는 또 다른 어딘가로 발길을 옮긴 것 같다. 여기는 아사쿠사다. 복도를 따라 걸으면서 성탄모임 안내가 붙어 있는 게시판의 그림자를 가지고 손으로 장난을 한다. 무언가를 말아 올리는 것처럼 무릎까지 손을 움직인다. 스커트를 들어 올리는 흉내를 낸다. 일밖에 모르는 그의 유일한 즐거움은 무도회장이나 스트립 상영관을 돌아다니기 위해 아사쿠사에 가는 것이라는 사실을 그의 장녀로부터 이미 듣고 있었다.

"아버지가 외출하면, 어머니는 하루 종일 화가 나 있었어요. 아버지가 사가지고 온 선물을 좋아해도 되는 것인지 우리는 언제나 헷갈렸지요."라고 말해 줬다.

멈출 줄 모르는 그의 행동에 지쳐서

"안 돼요. 여기서는."

무희처럼 들리도록 좀 폼을 잡으면서 경박스럽게 말해 봤다. 그러자 그는 자신의 가슴과 엉덩이를 더듬으면서 주머니가 있을 법한 곳을 찾기 시작했다. 아마 팁을 주려고 하는 것 같았다.

"그런 게 아니에요, 이젠 안 돼요. 나이가 있으니까."

나도 모르게 그렇게 말했다. 그의 눈은 뭔가 물어보려는 듯이 환해졌다.

"무리예요, 이젠 은퇴니까."

말하는 내 목소리는 왠지 목이 메고 조금 떨렸다. 그 소리가 내게 되돌아왔다. 은퇴. 무엇으로부터. 어디에서, 무엇이 무리인가. 나는 어디에 있는가.

어디로 가는가, 울 것 같은 기분이다.

"괜찮아, 걱정 말아, 괜찮아."

어느새인가 그는 완전히 제정신을 찾은 눈초리로, 그리고 자상함이 넘치는 목소리로 나를 위로하고 있다. 파를 기르느라고 상처투성이가 된 손으로 내 두 팔을 감쌌다. 괜찮다고 생각했다. 걱정 없어, 적어도 지금은이라고.

그는 나와 아사쿠사를 방황하고 있다. 우리들은 너무 흔들리지 않으면서 거기에 있다.

***

내러티브 자문이란 사례나 상황을 제시하여 공유할 뿐 아니라, 글쓰기 작업을 기본 형태로서 장려한다. 물론 타인을 케어하는 직종에 있는 사람들은 매일 다양한 공식 기록이나 서식—기록지나 지원 계획서 등—에 파묻히고, 콘퍼런스에서도 이런 기초 정보나 치료 또는 지원 경과를 정리한 보고서를 반복해서 제출해야 한다. 그런데 여기서 말하는 글쓰기 작업이란 이처럼 기관이나 조직의 공식기록에는 쓰이지 않은 문장, 즉 내러티브 의학에서 처음 언급한 병렬차트에서 비롯된 창작적 글쓰기(creative writing)로까지 발전한 이야기적 글쓰기(narrative writing)를 의미한다.

글쓰기 작업을 주축으로 하는 교육프로그램인 내러티브 의학에서는 환자로부터 받은 것, 그들과 우리들에게 일어났던 것에 대한 표현 또는 다시 제시하기(representation)는 배려를 가지고 접근하면서 이해하는 그 자체라는 것을 다음과 같이 강조한다. "우리가 글을 쓰는 이유는 임상에서 배운 것을 다른 사람을 향하여 표현하기 위한 것만은 아니다. 그 목적의 앞에 ……(생략)…… 환자에 대한 임상적 의무를 수행한다는 목적이 있다. 환자가 그리고 환자와의 관계성이 실제에서는 어떤 것인지를 보다 근본부터 아는 것은 글쓰기 작업을 통해서이다."(Charon, 2006) 글쓰기 작업은 환자와 관계에 책임을 가지는 윤리와 직결되는 것이다.

그러나 동시에, 여기에서의 '근본부터 아는'은 일어난 사건이나 경험의 유일한 의미나 한 가지의 정확한 이해에 도달하는 것은 아니라는 점은 반드시 알아야 한다. 오히려 글쓰기 작업이 도착하려는 지점은 사건이나 경험의 다양한 면을 수면 위로 올려서 여러 가지 형태인 채로 공유할 수 있는 가능성을 넓히는 장소이다. 따라서, 글쓰기 작업은 사건을 그대로 옮기는 것은 아니다. 그것은 쓰인 어떤 것에 의해 글을 쓰는 사람 역시 스스로 다시 쓰게 되며, 의도를 넘어서 무언가가 생겨나는 창조적인 다시 제시하기이다.

앞의 병렬차트인 '아사쿠사행'에서 '그'로 지칭된 S 씨는 치매가 진행되어 평소에는 거의 말을 하지 않는 고령자 입주시설에 살고 있는 남성이다. 그러나 지금까지의 생활력이나 가족으로부터 들은 정보를 바탕으로 주위 사람들이 농사와 관련된 이야기를 하면 무심코 어떤 단어를 표현한다는 것을 이미 알고 있었다. 평소에는 소파의 지정석에서 움직이지 않는 S 씨였지만, 가끔은 어떤 박자에 가볍게 몸을 흔들거나 창문을 통해 주차장을 내려다보면서 거기가 자신의 밭이라는 환상도 가지고, 때로는 익숙한 아사쿠사 거리를 걸어 다니는 것처럼 시설 여기저기를 돌아다닐 때도 있다. 그런 S 씨를 위해서 그가 보고 있는 광경이나 세계에 직원이나 내가 잘 맞춰 주고 있다고 생각해 왔다.

그런데 그에게 맞춰 주면서 연기를 할 요량으로 한 자신의 말에 동요한 나를, S 씨가 알아차리고 위로해 주는 사건이 생겼다. 치매를 앓고 있는 사람들의 경우에도 상대방의 기분이나 감정에 대한 감수성을 가지고 있다는 것과 '제대로 되는 순간'이 있다는 것은 이미 알려진 사실이다. 나는 그런 증거와 같은 이런 장면에 사로잡혀서, 그 기분에 머물면서 병렬차트를 쓰기 시작했다고 생각한다.

그러나 기억을 불러와서 단어를 선택하여 문장으로 정리하고, 다시 읽으면서 거기에 드러난 것은 치매를 앓는 사람의 '제대로 되는 순간'의 이야기와는 사뭇 달라져 있었다. 적어도 그것만은 아니었다. 글쓰기 작업은 농사를 천직으로 여긴 S 씨의 성실한 삶과 실의, 그리고 가족, 그 틈에서 빛을 발하고 있는 은밀한 유쾌함, 그것을 다시 맛보게 해 주었다. 잠버릇이나 몸짓을 적어 나가면서 그의 넉넉함, 익살, 총명함, 따뜻함을 새삼 느낄 수 있었다. 그리고 무엇보다 내가 그에게 맞춰 주었다고 생각한 시간의 전부에 대해, 그 역시도 나에게 호응해 주면서 몸을 맡겨 줬다는, 어떻게 보면 너무나 당연한 것을 이해할 수 있었다. 늙고 정신 나간 사람들이라고 느낄 때나 어딘가 안정되지 않은 그들에게 느끼는 마음의 불편함은 늙어 가는 것에 대한 자신의 불안이나 회피에서 기인하는 것이라고 생각의 폭을 넓혔다. 그것이 무엇이든 거기에 있는 것은 모두 다급한 인간이며, 그렇기 때문에 함께 방황할 수 있었다고 생각한다.

내가 알고 있는 것을 썼다고 생각했는데, 내가 알지 못하는 것이 쓰여 있다. 그리고 나는 자신이 알고 있는 것과 모르는 것을 글쓰기 작업에 의해 알게 되었다.

쓰려고 하는 행위에는 형식이 있고 구성이 동반된다. 인칭이 선택되고, 자유롭게 시제를 만들고 비유가 이미지를 증폭시킨다. 그리고 장르가 태어나고 그 문장에 고유의 소리가 울려 퍼진다. S 씨와의 시간은 과거의 것이다. 그렇지만 이렇게 지난 시간을 다시 제시하려고 할 때, 이야기의 소리는 현재형을 추구한다. 이처럼 글쓰기 작업은 수많은 버전으로 제시하는 것이 가능하다(Ricoeur, 1985). 그러나 계속해서 반복한다면 그것은 오리지널이 아닌 개정판이며, 그 버전마다 보이는 세계가 달라진다는 점에서 의미가 있다. 사람이나 사건, 사례라고 불리는 그 상황을 중층성(重層性), 개방성, 비결정성 안에서 받아들이기 위해서 이야기적 글쓰기가 요구되는 것이다.

내러티브 의학의 관심이 병렬차트에서 열리는 창작적 글쓰기라는 것에 매력을 느끼는 것은 환자를 어떻게 쓰든지 간에, 그것은 창작임이 분명하기 때문이다. 임상훈련으로서 내러티브 의학에서 임상자에게 요구되는 배려나 감수성을 갖추기 위해 필요한 것은 텍스트에 관여하는 기량 그 자체이다. 더 이상 환자라는 소재에만 머무를 필요가 없다는 것에 도달하거나 또는 의료진이 무엇을 쓰려고 해도 거기에는 이미 환자의 그림자가 드리워져 있다는 창작과 성찰은 뗄 수 없는 것임을 알게 될 것이다. 그러나 의대생들이 "환자가 생각보다 잘 견디고 있는 것을 이해하여 의료에서 그들 자신의 여정을 명시적으로 음미한다."(Chron, 2006)는 목적으로 시작한 병렬차트는 내러티브 자문이라는 맥락에서 사례 제시의 형태로서 존재감을 되찾을 수 있다고 본다. 내러티브 자문은 내담자나 환자와 우리들의 이야기를 써 보자는 취지에서부터 시작된다.

2. 반영 과정에서 글쓰기 작업

내러티브 관점의 결론이 '내러티브의 복수성(narrative multi-plicity)'에 있는 한, 관심의 일정 부분을 글쓰기 작업에 할애하는 것은 이상한 일이 아니다. 가족치료자이며 시인이기도 한 페기 펜 (Peggy Penn)은 글쓰기 작업이 사건이나 경험의 다양성이나 확산을 드러낸다는 점에 흥미를 가졌다. '참여형 텍스트(participatory text)' 를 통해 내담자 가족과 치료자가 서로 함께 엮이는 것이야말로 임상실천이라고 생각한 그녀는, 이 같은 텍스트에 '새로운 소리'를 초대하여 포함시키고, 그것을 증폭시키기 위해서 내담자나 가족에게 편지를 쓰도록 권유했다.

펜은 "글쓰기 작업을 위해 선택된 소리는 이전에는 결코 사용되지 않았던 것"(Penn, 2009, p. 19)을 강조했다. '글쓰기 작업은 우리의 인식 속도를 조절하여 그것을 열고, 거기에 무언가를 더해 간다. 그것은 그들이 거듭하면서 응축해 온 복잡함에 공간을 가져다주는 것'일 뿐만 아니라, 자신도 모르는 사이에 말할 때와는 다른 소리를 만들어 낸다. 펜은 쓰여진 것에는 복수의 소리가 교차한다는 점에 주목했다. 경험하여 기억하는 사람의 소리와 글로 써 두기 위한 소리, 적어도 거기에는 이중의 소리가 사용된다. 더욱이 바흐친에 따르면 여기에는 반드시 그것을 읽는(만한, 읽을지도 모르는)사람의 소리도 동반된다(Bakhtin, 1975).

펜이 글쓰기 작업 자체가 가지는 이와 같은 다성성을 깨닫게 된 배경에는 안데르센과의 깊은 교류와 그 과정에서 알게 된 반영 과정에 대한 관심이 관련되어 있다(제13장). 글쓰기 작업은 이미 언급한 것처럼 다양한 소리가 넘치는 내적 대화이다. 그녀는 쓰인 편지를 가족들이나 치료자의 앞에서 읽도록 부탁하여, 청자가 그것에 응답하는 외적 대화를 반복하는 반영 과정으로서 치료과정을 전개했다. 이때 글쓰기 작업 중에 울려 퍼졌던 3개의 소리는 소리 내어 읽음으로써(자신의 귀로 그것을 듣는다), 그것이 자신의 소리에 겹쳐진다. 그리고 거기에는 함께한 청자로부터의 응답이라는 여러 가지 소리도 이어진다. 이렇게 여러 겹이 된 다성화는 그대로 현실의 여러 층과 두께로 옮겨진다.

펜은 상담을 하러 오는 사람들의 소리가 종종 하나의 소리가 되어, 한정되고 고정화된 이야기로 자리매김하면서 점점 더 고민하게 된다는 것을 알았다. 따라서 글쓰기 작업 자체가 포함된 소리의 복수성을 자각하여, 그것을 반영 과정에 포함하여 넓혀 가기를 증폭해 가는 실천은 어쩌면 필연적이었을지도 모른다. 안데르센 역시 글쓰기 작업과 반영 과정을 통합하는 이 같은 방식에 많은 흥미를 가지고 있었다. 그것은 사망하기 직전, 마조리 로버츠를 포함하여 펜과 세 명이서 교환했던 이메일에서 잘 드러나 있다(Roberts, 2009). 반영 과정에 글쓰기 작업을 활용할 때 무엇인가를 잃어버릴 수도 있지 않느냐는 로버츠의 다소 도발적인 질문에 대해, 안데르센은 대화든 그것이 무엇이든 간에, 모든 것을 충족시킬 수 없기 때문에 잃어버리는 것을 신경 쓸 필요는 없다고 언급하면서 오히려 무언가를 잃어버려야 한다는 명쾌한 대답을 했다.

이미 언급한 것처럼, 반영 과정의 요건으로서 말년에 그가 강조한 것은 '멈춤'과 '다시 생각하기'였다. 펜은 그것을 이어받아서, 편지를 써서 읽는 과정에는 자신의 언어를 선택하여 쓴 것을 읽어서 표현하며, 그것이 또다시 청자들이 말하는 언어에 의해 글을 쓴 사람에게 되돌려지면서, 풍부한 '멈춤'과 '다시 생각하기'가 갖추어진다고 말했다. 글쓰기 작업은 반영 과정에 익숙해지는 것보다 그것 자체를 더욱 두텁게 하는 작업이다.

글쓰기 작업과 반영 과정을 결합하는 다성화를 지향한 펜의 임상실천과 사례를 열어 가면서 선택지를 찾아가려는 내러티브 자문은 근본적으로 유사한 것이라는 점을 거듭 말할 필요는 없을 것이다. 내담자/환자에 대해 쓰는 작업은 사람을 케어하는 직종에 있는 사람을 다른 장소로 옮겨서 새로운 풍경 속에서 또다시 그들과 만나게 하는 것이 가능하다. 거기에서 들리는 여러 소리 속에서 우리들은 무엇이 일어나고, 무엇이 되어 가는가를 새기면서 다음은 무엇을 해야 하는가에 대한 선택지를 바라볼 수 있다. 때로는 그 빛의 근원이 앞으로 만나게 될 사람들과의 시공까지도 밝게 비출 것이다. 내러티브 자문은 이런 준비를 추구하는 것이다.

＊＊＊

S 씨라는 사람에게서 받은 그 겨울바람과 황량함, 그렇지만 말할 수 없는 풍요로운 토지에 잇닿는 이미지는 내게 「파리한 말(馬)」을 떠올리게 했다.

파리한 말

하기와라 사쿠타로

꽁꽁 얼어붙은 겨울 날씨의 흐린 하늘 아래

그런 우울한 자연 속에서

말없이 길가의 풀을 뜯고 있는

비참한, 풀이 죽은, 숙명의, 인과(因果)의 파리한 말 그림자입니다

나는 그림자 쪽으로 움직여서 가고

말 그림자는 나를 바라보고 있는 듯한 모습

아아, 빨리 움직여서 그곳을 떠나라

내 삶의 스크린으로부터

곧바로, 곧바로 빗나가서 이런 환상(幻象)을 지워 버려라

나의 '의지'를 믿고 싶은 것이다. 말이여!

인과의, 숙명의, 정법(定法)의, 비참한

절망의 얼어붙은 풍경의 건판(乾板)에서

파리한 그림자에서 도주하라

그 이후 치매를 앓고 있는 사람과 스치게 될 때마다 파리한 말이 내 앞을 스쳐 지나간다.

'파리한 그림자에서 도주하라.'

도주는 전쟁에서도 들리고, 둥글게 굽은 등과 내리깔은 눈에서, 뻣뻣해진 손가락에서도 그 소리는 확실히 전해져서, 계속 내 귓가를 맴돌고 있다.

제3장

병렬차트
재방문

1. 병렬차트는 무엇인가

병렬차트는 리타 샤론(Rita Charon) 등에 의해 고안되어 활용되고 있는 교육 프로그램인 내러티브 의학(narrative medicine; Charon, 2006)의 한 가지 기법이다. 그녀는 의학대학교 3학년 학생을 대상으로 문장작성 과제를 제시하면서, 이 같은 시도를 했다. 병원의 의료기록을 메디컬 차트(medical chart)라고 부르는 것에서 착안된 병렬차트(parallel chart)는 다음과 같은 간단한 지시를 한다.

여러분은 자신이 담당하고 있는 환자에 대해 매일 차트를 씁니다. 어떤 내용을 적을 것이며, 어떤 형식으로 써 내려가야 하는지는 모두 정확하게 알고 있지요? 환자의 주 호소, 신체적 진찰결과, 검사소견, 주치의의 의견, 치료계획에 대해서 써야 합니다. 그런데 여러분이 만약 전립선암으로 앞으로 살 날이 얼마 남지 않은 것 같다는 환자를 담당했는데, 그 환자가 작년 여름에 같은 병으로 돌아가신 할아버지를 떠올리게 한다거나, 그 환자의 병실에 들어갈 때마다 할아버지가 생각나서 눈시울이 뜨거워진다는 것 등은 의료기록에는 쓸 수 없겠지요. 우리도 그런 것을 쓰도록 허락하지는 않을 거예요. 그래도 그것은 어디엔가 써 둘 필요가 있는 것입니다. 병렬차트에 이런 것들을 쓰면 됩니다.

수업에서는 여러 명이 한 조가 되어, 각 조마다 병렬차트를 공유하는 시간은 한 시간 반 정도인데, 이때 그들이 공유하게 될 문서는 각각 한 장을 넘지 않도록 요구한다. 공유시간에 읽게 될 병렬차트의 복사본은 배포되지 않는다. 전체 진행자는 작성된 병렬차트에 친필로 코멘트를 달아서 다음 시간에 되돌려 주며, 각각의 작성자와 개인적인 대화의 시간도 갖는다. 이런 과정은 다음과 같은 원칙을 가지고 진행된다. '텍스트를 존중한다.' '작성자 각각의 문체에 주의를 기울이며 듣는다.' '청중들이 텍스트에 응답하도록 격려한다.' '쓰인 것에 대해 칭찬을 한다.' 등이다.

2. 의료기록에 쓸 수 없는 것은 무엇인가

샤론에 의하면 지시의 핵심은 두 가지이다. 그것은 '의료기록에 쓸 수 없는 것'이자, 동시에 '어딘가에 쓸 필요가 있는 것'이다. 먼저, 전자에 대해 생각해 보자. 현재 병원에서 사용되는 의료기록은 일반적으로 'SOAP 형식'에 의해 기술되고 있다. SOAP란 'Subjective: 주관적 정보' 'Objective: 객관적 정보' 'Assessment: 평가' 그리고 'Plan: 계획'의 앞 글자를 딴 것이다. S란 환자의 주관적 표현이다. 요령이 있는 지원자(지금부터는 의과 대학생에 한정하지 않고, 모든 지원자를 의미한다)라면, S의 칸에는 개괄식으로 자신의 질문이나 환자의 대답 등을 적당히 삽입한 대화 형태로 작성할 수도 있다. 그러나 그것은 엄밀한 의미에서 지원자의 주관적 표현은 아니다. 샤론의 지시에 있듯이 '나는 병실을 들어갈 때마다 작년 여름 전립선암으로 돌아가신 할아버지가 떠올라서 눈시울을 붉혔다.'도

쓸 수 없다는 것은 명백하다. 그것은 대부분의 의료기록에서는 지원자의 주관적 표현을 금지하고 있기 때문이다. 병렬차트의 대부분이 '일인칭 단수'로 작성되는 것은 그런 것과 관련이 있다.

내가 읽은 병렬차트의 대다수는 암센터 병동에서 근무하는 간호사들이 작성한 것이기 때문에, 거기에는 환자를 향한 애틋한 생각들이 담겨져 있는 경우가 많다. 고인이 된 환자에게 보내는 편지 형식이 자주 등장하는 것이 좋은 증거일 것이다. 때로는 '재회'를 기대한다는 마음도 있고, 조금 더 나은 간호사가 되겠다는 결의가 담기기도 한다. 물론 이처럼 감정을 움직이는 경험이 모두 긍정적인 것만은 아니다. 언제 떠올려도 마음이 찢어질 정도의 깊은 슬픔도 없는 것은 아니다. 이런 모든 것은 '의료기록에 쓸 수 없다.'.

한편, 단지 '좋은 이야기'이기 때문에 남기겠다는 경우도 있다. 인정이 넘치는 이야기일 수도 있지만, 심리치료의 관점에서 생각해 보면 그것은 '말하는 것으로부터 이미 말해진 것을 구출하기(rescuing the said from the saying)'가 될 것이다. 지금 여기서 자신이 글로 써서 남기지 않으면 환자의 언어는 완전히 사라지고 말 것이라는 생각도 있다. 이와 관련하여 마이클 화이트(Michael White)의 유고집 『내러티브 실천』에서 데이비드 덴보로(David Denborough)의 언어가 인상적으로 다가온다.

마이클은 '말하는 것으로부터 이미 말해진 것을 구출하기'의 중요성에 대해 언급할 때, 클리퍼드 기어츠(Clifford Geertz)의 이야기를 자주 인용했다. 언어화된 말은 잠깐 있다 사라지는 것으로 오래가지 않는다. 따라서 도움을 구하러 온 사람들이 자신의 인생에서 어렵게 얻은 지식을 또렷이 말할 때,

치료자의 역할은 말해진 것의 의미를 새롭게 '구출'해 내고 문서화하는 것이다. 그리고 말한 사람이 그 내용을 다시 한번 살펴보도록 하여, 자신들의 인생에서 지속적으로 사용할 수 있도록 문서화하는 것이다. 이 과정은 그렇지 않으면 알아채지 못하고 지나칠 수 있는 단어의 '생명'을 칭찬하는 것과 그것을 새롭게 조명할 수 있다는 점 모두에 관여하는 것이다. 이 과정이 어떻게 전개되어야 할 것인가는 각각의 단계에서 윤리적으로 고려해야 한다.

(Denborough, 2011)

바로 이런 것들이 '의료기록에는 쓸 수 없는 것'이다.

3. '어딘가에 쓰일 필요가 있는 것'은 무엇인가

이것을 설명하는 것은 참으로 어려운 일이다. 왜냐하면 쓰기 시작하는 단계에서는 자신도 최종적으로 어떤 것이 작성될지 모르기 때문이다. 때로는 이런 것까지 써도 좋은지를 망설이게 되는 경우도 종종 있다. 따라서 병렬차트를 작성하는 것은 자신의 생각을 잘 표현하는 것이 아니라, 자신이 생각한 것을 문장으로 작성해 가면서 발굴하는 것이다. 이러한 생각은 그동안 나 자신이 몇 개의 병렬차트를 작성하는 과정에서, 그리고 수많은 사람이 쓴 병렬차트를 읽고 그들과 함께 그것을 작성하는 과정을 나누는 동안 깨닫게 된 것이다. 따라서 무엇을 써야 하는지에 대한 질문을 받으면, 임상장면에서 써 보고 싶다는 충동을 느꼈던 것이라고 말해 준다. 그리고 퇴고할 때쯤 되면, 자신이 왜 이 환자에 대해 쓰려고 했는지를 알게

될 것이며, 나아가 자신이 무엇을 문제로 보고 있는지를 이해하게
될 것이라고 덧붙인다.

사람들은 병렬차트를 작성할 때 사례를 어떻게 선정할 것인가?
사례선정은 사례회의에 어떤 사례를 제시할 것인가를 선택하는 것
과 유사하다. 예를 들어, 제9장에서는 그런 흐름을 잘 표현한 것처
럼, '마치 ~인 듯 사례회의'에서 진행자가 "당신은 왜 이 상황을 선
택했는가?"라고 묻는다. 이런 인터뷰의 과정을 통해, 그것은 흔한
일인가 또는 특별한 임상적 딜레마인가의 여부, 아니면 치료가 벽에
부딪혀 있는 것인가가 보다 명확해질 수 있다. '마치 ~인 듯'에서는
처음의 동기에서부터 어디까지 갈 수 있는지를 검토할 수 있다.

병렬차트에서는 무엇이 쓰여 있는 것일까? 그것이 훈련이라는
맥락에 있는 한, 자신들의 임상적 행위를 수정하는 방향으로 정리
하기 쉽다. 병렬차트의 지시문에 포함되어 있는 할아버지의 죽음
을 상기하여 눈시울이 뜨거워졌다는 경험을 예로 들어 보자. 여기
서는 자신의 경험과 유사한 죽음에서 파생된 슬픈 감정으로 인해,
어떤 것들이 맹점이 되기 쉬운지를 자각하고 그것을 극복하기 위
한 내적 성찰을 해야 하는 것이다. 그리고 어디까지나 병원에서 일
어난 사건을 주된 내용으로 작성해야 한다. 거기에 '지원자로서 자
신'이라는 역할이 있기 때문이다. 역설적으로 말하면, 환자와의 관
여에 대해서 쓰지 않는다면, 작성자는 지원자로서 그 속에 등장할
수가 없다. 병렬차트는 일반적인 사례보고와는 달리 의료기록에서
환자의 주 호소, 현재 병력, 이전 병력, 가족력, 치료경과 등을 그대
로 인용하여 작성하는 것은 아니다. 문제 그 자체가 문제는 아니며,
문제의 취급방법이야말로 문제가 된다. 이처럼 병렬차트를 쓸 때

는 의료기록을 보지 않기 때문에, 그것은 어디까지나 우화에 가까우며 보편화될 수 있다. 내가 병렬차트를 역설적 리얼리즘이라고 부르는 이유는 여기에 있다.

4. 글을 써 가면서 발견한다

'글쓰기 작업'이라는 것에 대해서 진지하게 생각해 본 적이 있는가? 나 자신은 의료기록이나 일반사례 보고서 이외에도 내러티브 치료에서의 편지기법이나 존엄치료[1]의 생성계승성 문서(역자 주: 말기 암 환자들이 남겨질 가족 등에게 9개의 질문을 통해 자신의 삶을 회고하면서 남기는 문서) 등 다양한 문서작성을 해 오고 있었지만, 솔직히 글쓰기 자체에 대해서는 깊이 생각해 본 적이 없다. 물론 자문화 기술지(제5장 참조) 등 현장조사 보고라는 새로운 방법에 흥미를 가지고 있었지만, 내가 이것에 대해 보다 깊이 생각하게 되었던 계기는 상담자이며 동시에 질적 연구자인 조너던 와이어트의 『치료, 스탠드 업, 그리고 글쓰기의 제스처(Therapy, Stand-up, and the Gesture of Writing, Wyatt)』(2018)를 읽고 난 후였다. 그의 생각은 덴진(N. Denzin)과 링컨(Y. Lincoln)이 편저한 저서인 『질적 연구의 핸드북』에 실린 자문화기술지의 사회학자 로렐 리처드슨(Laurel

---

1) 캐나다 마니토바 대학교 정신건강의학과 교수인 초치노프 박사(H. M. Chochinov)에 의해 고안된 말기 암환자의 존엄을 유지하기 위한 목적으로 한 정신치료적 접근이다. 8개의 질문에 대한 환자의 답변을 근거로 면접자는 문서(생성계승성 문서)를 작성하여 환자와 가족과 함께 공유한다.

Richardson)의 '글쓰기 작업-하나의 연구방법'(Richardson, 1996)을 출발점으로 하고 있다. 그녀의 작업에서 영감을 얻은 많은 질적 연구자와 마찬가지로 와이어트도 이와 관련된 선명한 기억을 글로 남기고 있다.

> 어느 날 밤, 학회를 마친 후 뒷풀이 모임에서 나는 친구들과 담소를 하고 있었다. 그때 로렐 리처드슨이 우리들의 테이블에 다가와서 대화에 합류하다가, 내게 좀 전 워크숍에서 낭독하지 못한 문장을 읽어 주면 좋겠다고 부탁했다. 나는 그녀의 말대로 글을 읽었고, 그녀는 그것에 귀를 기울였다. 주위 사람들도 다른 선택의 여지가 없이, 내 글을 들었다. 그리고 우리는 다시 대화를 이어 갔다. 어떤 의미에서는 그게 전부였다. 거기에는 어떤 토론도, 칭찬이나 비평도 없이 그저 듣기만 있었다. 이야기는 다른 사람과의 협력적 글쓰기 작업 속에서 활력의 요소를 끌어낸다. 나는 이 광경 속에서도 그 같은 활력의 요소를 발견했다. 내가 쓴 것에 귀를 기울인 로렐, 그것은 아무것도 아닌 것이었지만, 동시에 모든 것이었다.
>
> (Wyatt, 2018, p. 9)

어떤 영역에서 선도적인 역할을 하고 있는 사람을 직접 만날 때, 갖게 되는 친밀감에 대해서는 나 역시 리타 샤론을 만나면서 경험(고모리, 2015)했기 때문에 그의 경험에 더욱 흥미를 가졌다. 리처드슨의 논문은 교육적 배려가 넘쳐서 '창작적 그리고 분석적 글쓰기 연습'이 21개나 소개되었다. 그녀처럼 나 또한, 여기서 병렬차트를 작성하는 과정에서 나를 발견하게 해 준, 몇 편에 대해 잠시 언급하고자 한다.

제6장의 '은혜 갚은 장어'는 자기 반영의 실천이기 때문에, 병렬차트를 어떻게 발전시키는지를 이해하기 쉬운 실제 예이다. 활용하고 있는 것은 마이클 화이트의 '외부인증자'에서의 유의점에 관한 것이지만, 보웬(Bowen)의 다세대 전수에 관련된 통찰과도 연결되어 있다.

제7장의 '죽은 적도 없는 주제에'의 병렬차트 자체는 '평범한 사례'가 '비범한 사례'로 변하는 과정을 기록한 것이다. 아다치 씨의 반영이 전환점이 되어, 그것은 섬망 상황에서 대화라는 것을 인식하면서 고찰은 섬망으로 비약한다. 이 장 전체를 병렬차트로 본다면, 반영은 다른 사람에 의한 퇴고의 힌트라는 것을 알 수 있다.

한편, 제8장 '히로시마 헌신'의 병렬차트는 꿈의 기록이기 때문에, 그 시점에서는 아직 작성되지 않았던 병렬차트에 대한 (물론 자신의) 꿈(무의식)에서의 퇴고의 힌트라고 생각해 보는 것이 가능할 것이다. 그리고 거기에 두 사람의 반영이 추가되었기 때문에 심리 · 사회 · 문화적인 성찰은 더욱 깊이를 더해 갔다.

마지막으로, 글쓰기 작업에 의해 발견된 예를 언급하고 싶다. 이 책의 목차를 정리한 후의 일이다. 나는 자신이 쓴 병렬차트의 제목을 나열해 보면서 왠지 모를 위화감을 가지게 되었다. 그리고 그것이 무엇인지 언어로 잘 표현할 수 없었다. 그러나 앞에서 언급한 와이어트의 저서에 실린 참고문헌을 살펴보던 중에 자크 데리다(Jacques Derrida)의 작품 중에 추도 문집이 있다는 것을 알게 되었다. 곧바로 구입하여 읽고 난 뒤, 지금까지 내가 느끼고 있는 위화감을 이해할 수 있었다. 데리다는 원래 미국에서 편집 간행된 그 문집이 모국에서도 출간되는 것에 저항감을 가지고 있었다. "내 입장에서 보면, 이런 문집이 제시되면 생존자들은 '나의' 언어 속에 계속하여 남아 있게 된다는 생각이 든다. 그리고 그것과는 별개로, 그러한 언어는 내게도 여전히 견디기 어려운 것으로 계속 남게 될 것이다. 말이나 행동을 조심하지 않고, 되는 대로 계속 남아 있는 것이다."(Derrida, 2003) 나 역시 같은 감정을 느끼고 있었다. 언제부터인지 암환자를 담당할 때, 나 자신보다 상대방이 먼저 세상을 떠날 것이라는 가정을 하게 되었다. 즉, 데리다가 말한 죽음을 먼저 점령하는 '우애'관계에 들어가는 것[2]이다. 그렇기 때문에 나의 병렬차트는 추도문과 다르지 않았다. 이런 이유의 위화감이 있었다.

결국, 지금 나 자신은 왜 병렬차트에 쓰는 것인가라는 질문을 글쓰기 작업을 하는 동안에도 끊임없이 되묻지 않을 수 없었다. 데리다가 미셸 푸코(Michel Foucault)의 작업을 묘사한 '미결정의 상태인 채로 유지되고 있는 물음, 그 저서 자체에 생명을 불어넣지 않은 상태로, 즉 날 것 상태에 놓아두는 물음'(Derrida, 2003)이라고 생각한다.

---

2) 데리다가 우애의 개념 그 자체를 재검토한 것은 '우애의 정치학'에서다. 데리다는 첫 머리에 우애와 형제애의 관계를 문제로 보고, 더 나아가 형제애에 관계를 맺어 온 정치도 문제로 보았다. 이러한 목적은 형제애에는 회수할 수 없는 우애의 구조가 있다. 아리스토텔레스에 의해서 중요시된 우애에서의 상호성에 관심을 가지고 키케로의 주제인 죽은 자를 향한 우애에 주목했다. 후자는 예외가 아닌 일반적인 예가 되었다. 이같은 '부재에 대한 호출'은 에크리튀르(글 쓰는 작업)과 많은 것을 공유하여 거기에는 '반복가능성'이 드러난다. 그렇게 되면 병렬차트를 쓴 나, 그것을 다시 읽는 나는 그때마다 새롭게 만들어지는 '내 안의 타인'이라는 것이 된다.

5. '병렬'이란 무엇과 무엇이 병행하는 것인가

리타 샤론에 의하면 지원자의 정서적인 안녕이 병렬차트의 주된 목적은 아니다. 지원자가 보다 충분히 환자가 견디고 인내하고 있다는 것을 이해하여 의료상황에서 그들 자신의 여정을 명시적으로 음미하는 것이 가능하도록 하는 것이 목표이다. 이러한 성찰적 기술은 의사의 정신건강을 위해서가 아니며, 단순한 일기를 넘어선 임상훈련의 일부이다. 기술은 특정 환자를 향하고 있다. 그것을 통해 의사 자신이 환자의 케어에서 어느 정도 중심에 위치하고 있는지, 그리고 어느 정도 스트레스에 노출되어 있는지를 알게 된다.

샤론 자신도 이 같은 문제의식을 가지는 데 적절하다고 생각하는 사건을 기록하고 있다. 샤론은 1982년 전국 인문과학 기금의 '문학과 임상적 단상'이라는 세미나에서의 경험을 언급하고 있다. 샤론 일행은 임상실천에 대해서 일반적인 산문 형식의 이야기를 써 달라는 요청을 받았다. 샤론은 갑자기 찾아와서 서류를 내밀면서, 거기에 자신의 장애를 증명하는 사인을 해 달라고 부탁한 젊은 여성에 대해서 작성했다. 샤론은 안고 있던 서류더미도 내려놓지 못한 채, 진단명을 쓰고 서명을 했던 기억을 언급했다. 사실 라즈라는 이 여성은 두통 때문에 단 몇 차례 진료를 했을 뿐이며, 두통에 대한 아세트아미노펜을 처방한 것이 전부였던 환자였다. 샤론은 그 환자가 패션모델이 되고 싶다는 자신의 꿈을 실현시킬 때까지 장애보험금이 필요해서일 거라고 생각하면서 진단서를 작성했다고 언급했다. 그런데 세미나 이후, 라즈를 다시 만났을 때 다른 사실을 알게 되었다. 그녀는 다섯 명의 자매 중의 장녀로 12세 때부터 아버지와 삼촌으로부터 지속적인 성적 학대를 받았기 때문에 그런 상황에서 동생들을 구하기 위해 21세가 되던 때에 맨해튼으로 이주했다는 것이다. 이 말은 들으면서 샤론은 임상적 상상의 위력을 자각했다. '이러한 이야기적 행위는 내가 환자에게 좀 더 다가가는 데 도움을 줬다. 글쓰기 작업을 하는 동안 그녀를 비난하거나 거짓으로 병을 위장한다고 생각하지 않으면서 그녀의 곤경을 알려는 것에 전력을 기울였다. 나는 자신의 이야기를 말해야 하는 필요에 쫓기면서도 라즈의 입장에 서서 라즈가 처한 상황을 그려 내려고 노력했다. 그것을 통해 그녀의 입장에 서서 그녀의 행동을 이해하려고 노력했다. 그것은 그녀의 상황을 진지하게 받아들이고 그녀의 강인함과 요구로부터 이미 내가 느끼고 있었던, 그리고 아직 말하지 못한 지식에 접근하는 것이 가능하여 최종적으로는 환자를 케어하는 데 도움이 되었던 것이다'(Chron, 2006). 단적으로 말하면, '병의 이야기를 인식하고 흡수하고 해석하고 그것에 마음이 움직이고 행동하기' 위해 필요한 이야기 능력의 향상을 실감했던 것이다.

이렇게 보면, 병렬차트에서 병행하는 것은 환자와 지원자이다. 의학적 의료기록에서는 환자의 임상과정이 기재되고, 병렬차트에서는 지원자의 이야기 능력이 기록되어 있다. 이 두 가지가 병행할 수 있는 것은 환자와 지원자가 서로 의존하고 있기 때문이다.

6. 병렬차트는 어디서 공유할 수 있을까

당신이 병렬차트를 썼다고 생각해 보자. 그다음에는 무엇을 할 것인가? 누군가가 읽어 주기를 바랄 것이다. (그 환자와 관여했던) 몇 명의 동료 앞에서 그것을 낭독해 보고 싶다고 생각할지도 모른다. 그것이 무엇이든 간에, 당신은 그들로부터 어떤 반응을 원할 것이다. 그러나 임상현장은 바쁘다. 그러한 공간이 쉽게 발견되기도 어렵지만, 만약 가능하다고 해도 갑자기 그런 차트를 읽어 내려가는 것은 지나치게 도발적이다. 이해심이 많은 상사가 있다면 그나마 다행이지만, 그것 역시 크게 기대할 것은 못된다. 그렇기 때문에 안전성과 비밀보장 의무가 보장되는 전문직의 협력으로서 내러티브 자문의 장이 의도적으로 만들어지지 않으면 안 된다.

반영 과정의
재방문

"……반영 과정의 표현방법이나 어용론에 관한 유익한 논문은 많지만, 좋은 반영 또는 부적절한 반영을 구성하는 것은 무엇이며, 그것이 무엇 때문인지에 관해서 언급한 것은 거의 없다. 나는 멋만 있는 반영과 구별되는 좋은 반영은 어떤 것인가에 대해 생각하기 위한 개념모델을 제시한다." 이렇게 시작하는 논문이 있다면 읽고 싶지 않을 수 있을까? 물론 대답은 '그럴 수 없다.'일 것이다. 그리고 반영 과정이라는 단어를 임상현장에서 사용하고 있는 사람이라면 읽고 싶다는 마음을 넘어서 끝까지 읽지 않고 지나치기는 쉽지 않을 것이다.

이런 서문으로 글을 시작하는 저자는 캐티 와인가튼(Kaethe Weingarten)이다. 저서 『어머니의 소리(The Mother's Voice)』와 『일반적인 충격(The Common Shock)』으로 알려진 가족치료자이다. 또한 그녀는 대표적인 가족치료 전문지 『Family Process』에 내러티브 치료와 관련된 여러 원고를 기고한 베테랑이다. 기고문의 제목은 '반영이라는 예술-낯선 것을 익숙한 것으로 바꾼다'(Weingarten, 2016)였다. 마이클 화이트를 선호하는 독자라면, 피에르 부르디외(Pierre Bourdieu)의 '친숙한 것을 알지 못하는 이국적인 것으로 하는(exoticise the domestic)'이라는 부제를 반전시키고 있는 것은 아닌지라고 생각하면서 더욱 흥미를 가질 것이다. 그리고 여기서는 반영팀이나 과정에 글쓰기 작업을 포함할 수 있는지에 대한 가능성도 탐구되고 있다.

1. 글쓰기 작업에 의한 반영

와인가튼에 의하면, 글쓰기 작업이 반영의 역할을 수행할 때 적절한 타이밍은 필요하지만, 그것이 결코 반영을 지나치게 늦추는 것은 아니다. 반영이 적절한 순간에 일어나지 못하여 자기 이해가 늦어져서 진전이 없었던 경우라도(흥미 깊은 것에 마음의 상처를 치유하는 과정과 트라우마의 이야기를 잘 쓰기 위해서 필요한 과정에는 많은 중복이 있기 때문에), 글쓰기 작업은 자기 자신을 위해서 내적 과정을 완성해 가는 훌륭한 수단이라고 알려져 있다. 이 같은 실례로는 이 논문의 마지막에 언급된 와인가튼 자신의 에피소드를 들 수 있다. 그녀가 내담자로서 허용하지 않으면 안 되었던 침묵, 즉 안전하지 않은 채 끝난 치료자의 반영을 24년 후에 스스로 글 쓰는 작업에 의해 또다시 전개했던 것이다.

2014년, 연장자 세대 중에는 몇 분 남아 있지 않은 홀로코스트 생존자 중 한 분이 있는 3세대의 가정을 대상으로 상세한 면담을 하고 수집된 내용을 분석한 프로젝트인 '트라우마를 초월한 프로젝트(Transcending Trauma Project: TTP)'[1]가 『내러티브 반영』(Raizman

---

[1] TTP는 The Council for Relationships에서 1993년에 시작한 프로젝트이다. 홀로코스트 생존자의 3세대 가족이 제2차 세계대전 후에 그들이 경험해 온 닫힌 인생을 어떻게 재구성했는가를 연구했다. 2014년 당시에 275의 역사에 의해서 65가족의 세대를 넘어선 경험이 풍부하게 기록되어 있다. TTP는 트라우마가 개인뿐만 아니라, 가족에게 어떤 충격을 초래하는가를 통합적인 관점에서 탐구하고 있다. 덜위치 센터(The Dulwich Centre)와의 깊은 교류를 한 TTP는 새로운 외부인증자의 생각에도 영향을 미쳐서, 2006년에는 새로운 여섯 명의 치료자에 의해 내러티브 프로젝트가 시작되었고 그것을 2014년의 저서 『내러티브 반영』으로 출간하였다.

and Hollander-Goldfein, 2014)이라는 책으로 간행된 기념으로 콘퍼런스가 개최되었다. 와인가튼은 그 콘퍼런스의 기조강연을 의뢰받았다. 이 책은 여섯 명의 치료자가 홀로코스트 가족의 기록을 반영한 것인데, 연설 원고를 준비하는 가운데 그녀는 이 프로젝트의 소재와 비슷한, 자신이 과거에 경험한 상징적 이미지를 떠올렸다. 여기서는 그녀가 언급한 것처럼 일인칭 그대로 인용해 보려고 한다.

1989년, 나는 일 년 동안 지속되어 온 암에 대한 초기 치료를 끝냈습니다. 지금이라면 트라우마 반응이라고 이해할 수 있었을 법한 증상이 나타났는데, 당시에는 트라우마의 전문가인 나 또는 동료는 물론 저를 상담했던 여러 정신건강의학 전문의도 그것에 대해 정확히 알지 못했습니다. 나는 강박행동에 시달리고 있었던 것입니다. 팔목의 시계를 보면서, "네가 죽을 때까지 (시계가 몇 시를 가리키고 있어도) 90초도 남지 않았네. 3분만, 2분만이라도."라고 중얼거리고 있었습니다. 사실 지난 시간을 되돌아보면 그동안 나는 해야 하는 일들을 열심히 해 왔습니다. 꽤 괜찮은 엄마였고, 선생이며, 치료자이며, 아내이며, 친구이기도 했습니다. 그렇게 생각해도 이러한 행동을 멈추게 할 수는 없었습니다. 마지막으로 신뢰하기 시작한 정신과 의사의 치료를 받기로 했습니다. 몇 번의 상담이 이어진 후, 나는 그동안 내 자신도 부끄럽다고 여겼기 때문에 그 누구와도 공유하지 않았던 이미지를 그녀에게 털어놓았습니다. 나는 그녀에게 바빈야르의 함정 깊은 곳에 있는 것 같은 기분이 든다고 말했습니다. 바빈야르는 우크라이나 키이우 근교에 있는 계곡으로 제2차 세계대전 당시에 나치에 의해 유대인의 대량 학살이 여러 번 있었던 장소입니다. 그녀는 "왜 그런 기분이 드는 것 같아요?"라고 물었지만, 나는 "잘 모르겠어요."고 대답했습니다. 우리는 몇 분 동안 침묵한 채 그대로 앉아 있었는데, 그녀의 불쾌감과 나 자신의 불쾌감이 느껴졌기 때문에 나는 더 이상 아무 말도 하지 않고 그냥 넘어갔습니다. 그녀 역시 더 이상 아무것도 묻지 않았으며, 나도 그런 이미지가 내게 어떤 영향을 미치는지에 대해 더 이상 말하지 않았습니다. 둘 사이에는 거리가 생겼습니다. 그리고 그 이미지와 그때의 침묵에 대해서는 두 번 다시 언급하지 않았습니다.

24년이 지난 후, 나는 서재에서 그때 떠오른 이미지의 의미를 이해하기까지의 과정을 쓰기 시작했습니다. 이 이미지는 나의 강박사고와 행동에 대한 열쇠, 최초의 암을 경험한 트라우마에 대한 열쇠 그리고 거기서부터 치유로 이어지는 열쇠를 쥐고 있기 때문입니다. 그런 이미지를 풀어헤치는 것 그리고 그것에 대해 글을 쓰는 작업이 치유로 이어졌습니다. 통합이 중요했습니다. 그런 과정을 통해 나는 공유하는 것이 가능했습니다.

만약, 치료자가 "좀 더 말해 주세요. 거기서 당신은 무엇을 보고 무엇을 듣고 있나요? 그다음에 무엇이 일어났나요?"라고 물어봐 줬다면, 나는 그녀에게 절망적인 갈등이 있다는 것을 말했을 것입니다. 그것은 (그날 습격당한 사람 중 여러 명이 죽었다는 사실을 알고 있는 이상) 나는 습격당했지만, 으슥해질 무렵이 되면 함정에서 기어 나가서 생존자 중 한 명이고 싶다는 생각과 나 역시 웅덩이 속에서 죽어 간 다른 많은 사람과 같은 처지가 될 것이라고 믿고 있는 것 사이의 갈등입니다. 따라서 나로서는 이런 이미지에서 생기는 절대 받아들일 수 없는 감정을 숨기기 위해 '진실에 대한' 생존자의 죄책감을 이미지로 대신 가지고 있다고 생각했습니다.

같은 시간대에 8명이 함께 방사선 치료를 받는데, 정방향의 유리 테이블의 한편에 2명씩 지정석이 정해져 있었습니다. 35회의 방사선 치료가 끝났을 때, 암의 종류가 다양해서 살아남은 사람은 겨우 3명이었습니다. 함께 치료받던 사람들의 죽음으로 깊은 슬픔을 느꼈지만, 살아남았다는 기쁨도 컸습니다. 암 경험, 여러 번의 수술, 화학치료라는 트라우마 상황 속에서 이러한 기쁨은 저의 선의라는 경계선을 넘어 버리고 말았습니다. 내가 다른 사람의 죽음을 아는 순간, 동시에 기쁨을 느낄 수 있는 인간이라는 것을 받아들일 수 없었습니다. 그것을 대신하여 저는 손목시계를 보면서 '너는 죽음에 대해 생각하니까 (예를 들어) 5분'이라는 의식 속에서 내 자신 속의 응축된 갈등들을 떨궈 내려고 했던 것입니다. 제 스스로 증상을 만들어 낸 셈입니다.

제 이야기를 듣는 맥락이 수용적이라면 어떤 소리를 내셨겠지요. 그리고 이야기는 태어나겠지요. 이야기는 침묵의 해독제입니다. 지금까지 제가 쓴 것을 24년 전 그녀에 모두 말했다면 나는 두 개의 감정이 공존하고 있는 것과 이 두 개의 감정 사이에 대립은 없다는 것을 알았을 것입니다. 그리고 제가 생존을 갈구해도 다른 사람의 죽음을 애도하는 마음은 변하지 않는다는 것도 배울 수 있었을 것입니다. 나 자신은 비인간적이지 않고 틀림없이 인간적이라는 것도 알게 되면서 나는 자신을 용서할 수 있었을 것입니다.

제 치료자는 저의 그런 이미지에 왜 흥미가 없었을까요? 무엇이 그녀를 혼란하게 만든 것일까요? 왜 그녀는 나에 대한 배려 있는 증인이 되려고 하지 않았을까요? 확실히 모르지만, 추론은 가능합니다. 그녀의 시아버지는 유명한 정신분석가인데, 1938년 독일의 나치를 피해 도망 왔습니다. 그녀는 나를 만나기 시작할 무렵 암을 진단받았고, 18개월 후에 사망했습니다. 훌륭한 수련을 받은 그녀이지만 그 당시 치료할 여유가 없었던 것입니다. 자각과 권한을 부여받은 인증자로 있는 대신, 그녀는 자각하지 않은 채 권한을 부여받은 위험한 '입장 2'(제4장 3절 참조)로 이동하고 말았습니다. 그녀는 나자신의 반영과 반사[2]를 효과적으로 봉인했던 것입니다.

---

2) 반영(reflection)은 상대의 경험을 이해하여 보다 깊게 알려는 것과 몰두하는 것인데

그러는 동안, 풍부한 통합적 대화를 얻지 못해서 나 자신의 일부가 분열되었습니다. 그리고 나는 두 가지 때문에 부끄러워했습니다. 하나는 다른 사람이 살지 못한다는 것을 알면서도 내가 구조되었다는 것을 기뻐했다는 것과 또 다른 것은 자신의 암 경험과 바빈야르의 두려운 상황을 비교하고 있다는 것입니다. 이런 수치심의 원인에 대해서 어느 쪽도 해명할 수 없습니다. 나는 내가 그런 이미지를 만들었다는 것과 대규모의 정치적 사건(외적 세계)과 개인적 경험(내적 세계)을 관련짓는 나의 능력 사이에 관련성을 발견할 수 없었습니다. 나는 이런 이미지가 자신이 누구인지를 생각할 때 중요하다고 생각하지 않으면서 단지 내 자신이 나쁜 사람이라는 증거라고 오해했기 때문에 그런 이미지에서 나를 분리해 버리고 말았습니다. 그때 이 같은 작업이 이루어졌더라면, 이미지가 주는 낯설음이 사실은 얼마나 자신다운 것이며, 얼마나 익숙한 것인지를 이해할 수 있었다고 생각합니다.

(Weingarten, 2016, pp. 207-208)

이처럼 와인가튼은 기조강연을 준비하면서 자신의 상징적 이미지를 풀어헤쳐서 사실상 자신에 대한 반영을 쓰고 있었다. 자신의 근본적인 부분을 되돌아보는 기회를 가져다준 것은 상징적 이미지를 풀어내고 거기에 이야기를 쓰는 것, 그리고 그런 과정을 통해 통합을 이루었다고 생각한다. 이것은 또한 트라우마가 동반하고 있는 고립이나 부끄러움을 무너뜨리는 것이 되었다. 그리고 또한 상

반해, 반사(reflexivity)는 자신의 내적 반응(가치관, 편견, 반응)에 대해서 생각하여 필터를 걸어서 신중함을 가지는 자기 탐색이다. 이 논문을 원문으로 읽은 독자를 위해서 부연설명하자면, 여기에 등장하는 반영은 반사와 같은 뜻이라는 것을 저자로부터 확인받았다.

징적인 이미지를 풀어서 명료화하여, 트라우마의 기억을 이야기로 변환시키도록 돕는 좋은 치료가 되고, 좋은 문장은 고립이나 부끄러움을 극복하게 했다.

후일담이 있다. 그녀가 바빈야르의 이미지에 대해서 배운 것을 남편에게 말할 때 그들은 교통체증으로 차가 막히는 차 안에서였는데, 남편은 오른손을 뻗어 그녀의 손을 어루만져 주었다. 지금은 바빈야르의 이미지를 떠올릴 때마다 남편의 손의 감각이 되살아난다고 했다. 그녀에게는 이미지와 그 의미를 남편에게 전했던 10여 분이 이미지 전체를 완전히 변화시켰던 것이다. 와인가튼은 결론적으로 이 10분에 초점을 맞췄다.

이것은 좋은 치료에서 일어날지도 모른다. 고통을 동반한 기억을 이야기하여 그것에 귀를 기울이는 10분이었다. 좋은 반영과 배려가 있는 인증자가 됨으로써 기억은 재구성될지도 모른다. 그 후에 기억을 다시 환기시킬 때는 부드러움과 통찰력이 존재할지도 모른다. 만약 그렇다면 내게는 설득력 있는 부분으로 왜 좋은 반영과 정열적인 인증자가 중요한지를 말하는 핵심이 된다. 그것은 사람들이 우리들에게 그들의 가장 나약한 자신을 내보일 때, 왜 그 순간은 대부분의 경우 신성한 감정을 느끼게 되는가를 설명한다. 아픔이 생생하게 존재하고 있는 순간에는 친밀한 접촉이 존재하며, 그러한 신선한 경험이 영원히 바뀔 수 있는 기억으로 태어날 수도 있을 것이다. 이렇게 될 때, 즉 신뢰와 사랑이 있는 부드러움, 그리고 지혜가 있는 사람과 사람 사이의 공간에 존재하고 있을 때, 그 일시적인 10분 동안 반영이라는 예술이 생긴다. 낯선 것이 가까이 존재하는 것이 되며, 통합된 치유가 일어난다. 통합과 치유에 의해 나는 그렇다는 것을 받아들일 수 있다. 그리고 우리는 치료의 약속, 관계성의 약속을 달성하는 것이다.

(Weingarten, 2016, pp. 208-209)

2. 좋은 반영이란

와인가튼에 의하면 반영은 설명이나 해석, 문제해결이 아니며, 명료화나 확인도 반영의 준비일 수는 있지만, 그것 자체가 반영은 아니다. 그녀가 생각하는 좋은 반영은 '철저한 경청(radical listening)'(Weingarten, 1995)에 기반하는 것으로, 상대를 받아들이는 것이다. 비판이나 편견을 가지지 않은 채 이야기를 듣고, 드러난 것만이 아니라 없는 것도 들으면서, 언어로 표현되지 않을 때에는 기다리고, 화자가 중심을 벗어나 '진정성 있는' 이야기를 하지 못할 때는 그것의 진위를 판별한다. 네 번째 포인트인 '진정성 있는' 이야기를 하지 못하는 것은 어떤 정형화된 발언을 해야 한다는 담론에 사로잡힌 경우인데, 그것을 알아차리고 그러한 제약으로부터 해방하도록 탈구축하는 것이 특징적이다.

실제 대화 장면에서는 화자가 무언가를 말하면, 청자는 들으면서 어떤 것을 말하고 (침묵도 포함해서) 화자는 그것을 들으면서 다시 무언가를 말하는 과정을 반복한다. 이때 반영은 먼저 화자가 말한 것과 화자가 전하고 싶다고 하는 것을 청자가 직감하는 것 사이의 움직임을 가리킨다. 많은 경우, 화자는 그 대화에서 무언가를 전해야 한다는 부담을 가지고 있다. 화자의 자각 정도는 다양할 수 있어도 청자의 역할은 그러한 부담의 정확한 성질을, 그리고 같은 순

간에 함께 배우는 것이 가능하도록 조건을 갖추는 것이다. 이것이
좋은 반영이며, 거기에서야말로 의미를 함께 만들어 가는 친밀함
이 생겨날 수 있다. 그리고 이것을 이어간다. "철저한 경청을 토대
로 반영과 그 마음의 동반자인 반사 사이의 댄스가 전개된다. ……
(중략)…… 어려움을 가지고 있는 사람에게 치료가 낯선 것에서 친
숙한 것으로 변화하는 것이라면, 치료자에게는 그 반대가 참된 것
이다. 우리들의 일은 친숙한 것을 낯선 것으로 변화하기 위한 반사
를 사용하는 것이다."(Weingarten, 2016, p. 199) 앞에서 언급한 대화
장면은 화자의 발언으로 시작하여 청자의 반사와 반영, 화자의 반
사와 반영이라는 일련의 흐름이 있어서 마치 댄스처럼 그것은 동
시에 일어나는 복잡함이 있다.

3. 엇갈리는 반영

또한 와인가튼은 반영이 잘 되지 않는 경우에 대해서 한 토크쇼
에서의 주고받는 대화를 소개하고 있다.

2014년 4월, 르완다 대학살 20년이 지난 특집방송이었다. 그때
의 호스트인 블록 그랜트 스톤은 2002년에 자원하여 그곳에 갔던
닉 휴즈(Nick Hughes)와의 인터뷰를 재방송했다. 휴즈는 르완다 학
살에 대해서 최초로 다큐멘터리 영화를 제작한 BBC 방송의 감독
이다. 영화에는 르완다인을 위해 아무것도 하지 않은 인물이 다수
등장하는데, 감독 자신도 그중 한 사람이라고 고백하고 있었다. 그
랜트스톤이 "……당신은 자신이 현지에 있었을 때, 손도끼를 가진

남성이 생명을 구걸하는 여성과 딸을 구타하는 모습을 비디오로 촬영하여, 그것을 1994년에 세계 각국에서 방영했습니다. 그것이 아무것도 아니라고 생각하십니까?"라고 물었다. 휴즈는 이렇게 대답했다. "음, 그것은 상당히, 상당히 작은 것이었어요. 나는 아무도 구하지 않았어요. 카메라를 놓고 아이들을 구하려고 하지 않았고, 아무것도 하지 않았어요". 그 후 그녀는 왜 그가 영화를 '완전한 절망'으로 끝내려고 하는지에 대해서 질문을 했다.

휴즈: 학살에는 긍정적인 것은 아무것도 없었어요. 희망의 빛을 비출 수 없어요. 학살은 모든 면에서 부정적입니다. 모든 것이 어둡고 사악한 것입니다. 그리고 사람들이 받은 고통은 상상을 초월한 것입니다. 그러나 세계 각국의 시청자들에게 이해와 공감이 있다면, 그리고 르완다인도 인간이라는 신념이 있었다면 그것이야말로 커다란 한 걸음이 됩니다.

그랜트스톤: 닉, 자신이 만들고 싶다고 생각한 영화를 제작한 지금, 자신을 용서하는 방법에 대해 조금이라도 발견하셨나요?

휴즈: 글쎄요……. 용서하는 것은 다르다고 생각하지만.

그랜트스톤: 내가 말하고 싶은 것은.

휴즈: 네.

그랜트스톤: …… 당신은 거대한 짐과 자책의 마음을 가지고 돌아왔다는 것은 분명합니다. 당신은 르완다의 서쪽 지역을 촬영하지 않은 채 이 영화를 만들었습니다. 그래서 제 질문은 그것으로 일단락지어야 하는 것은 아닐까라고 생각하는 것입니다.

휴즈: 그 작품은 ……영화는 내게 르완다에 대해서 말할 수 있는 기회를 제

공했습니다. 그러나 그곳에 돌아가서 길가에 차를 정차하고 민간군인 조직에 사살당할 것 같은 아이를 끌어안고 안전한 나라로 데려고 갈 기회는 없었습니다. 그런 기회는 누구도 가질 수 없었습니다. 이런 일이 두 번 다시 일어나지 않도록 무언가를 발언하는 것조차 아무도 할 수 없었습니다. 그러니까 긍정적으로 느끼는 어떤 것도, 사죄해야 하는 무언가도 없습니다. 학살은 사죄와는 정반대에 있습니다. 그곳에 사죄는 없습니다. 다시 되돌릴 수 없습니다. 그들은 죽었고 여전히 그 같은 상황은 반복해서 일어납니다.

그랜트스톤: 닉. 이야기를 나눌 수 있어서 좋았습니다.

휴즈: 천만에요.

　　그리고 2014년의 재방송을 마무리하면서 그랜트스톤은 이렇게 말했다. "닉 휴즈는 〈르완다 학살의 100일〉의 감독이며 공동 프로듀서입니다. 나는 2002년에도 그와 이야기를 했습니다."

　　와인가튼은 그랜트스톤의 2개의 질문, 즉 "닉, 자신이 만들고 싶다고 생각한 영화를 제작한 지금, 당신을 용서하는 방법에 대해 조금이라도 발견했습니까?" 그리고 이어서 "이제 그것으로 일단락지어야 하는 것은 아닐까요?"를 질문을 통해 그녀는 휴즈를 완전히 공감하지 못하고 있다는 것을 알 수 있었다. 사실, 그는 자기 자신을 용서할 것도 없고, 용서하고 싶다는 생각도 없었다. 와인가튼은 그랜트스톤이 휴즈에게 질문을 정정한 뒤에, 그녀에게 방송에서, 예를 들면 다음과 같이 말했으면 좋았을 것이라고 썼다. "감사합니다. 자책의 마음을 자각하여 르완다에서 일어났던 것을 사람들에게 이해시키기 위해서 열심인 당신의 모습이 감동적입니다. 그것은 과거의 실패로 인한 고통을 이용하여 현재의 전향적인 행동을 유지하는 것이 가능하다는 것을 나타내고 있습니다. 감사합니다." 처럼 말이다. 와인가튼에 의하면, 반영에서는 어느 쪽이든 말한 것을 인정하여, 청중과의 가교가 되며 자신이 지금 들었던 것에 버텨주는 개념이 제공되지 않으면 안 된다. 그것이 우리를 압도하는 사건의 수동적인 목격자로부터 자신의 인생의 잠재적인 행위자로 향하게 한다. 그것이 무엇이든 간에 우리는 아픔에 대처함으로써 성실함을 갖추고 앞으로 나아가는 것이 가능하다.

와인가튼은 다음과 같은 자각과 힘의 관계를 조합하여 '인증자 모델'을 제안하고 있다([그림 4-1]; Weingarten, 2010). 사람들이 어떤 반응을 할 때는 그 사람에게 자각이 있는지의 여부와 그것에 대해서 권한을 행사할 수 있는지의 여부에 따라 4개의 모델을 제시하였다. 그녀는 우선 당사자가 그것을 자각하는 것부터 시작하지 않으면 안 된다고 말하고 있다. 가로에는 자각의 유무와 세로에는 권한 부여의 유무를 두어서 왼쪽부터 시계방향으로 입장을 나타내

	자각한 (aware)	자각하지 못한 (unaware)
권한이 부여된 (empowered)	1	2
권한이 부여되지 않은 (disempowered)	4	3

[그림 4-1] 와인가튼의 인증자 모델

출처: Weingatten (2010).

고 있다. 입장 1은 폭력이나 위반을 목격하고 있으며 그것에 대응할 권한도 부여되어 있다. 입장 2는 그것을 목격하지 않지만 권한이 있다. 입장 3은 목격하지도 않으면 권한 역시 없다. 입장 4는 목격하고 있지만 권한이 없는 경우로 지원자에게 가장 일반적인 입장인데, 이것은 소진을 초래하기 쉽다. 좋은 반영을 실천하기 위해서는 입장 1에 있을 필요가 있으며, 입장 1을 향해서 노력할 필요가 있을 것이다.

그런데 마이클 화이트가 치료자로서 화자의 이야기 속에서 이미지를 끌어내어 그것에서 넓혀진 이야기를 되돌리는 중에 '친숙한 것을 낯설게 하는' 당위성을 말한 것에 대해 와인가튼은 내담자로서 써 가는 것에 의해 '낯선 이미지를 익숙한 것으로 만드는' 경험을 보고했다. 어느 쪽이든 글쓰기 작업이 반영의 역할을 초래할 때, 적절한 타이밍은 있지만, 반영에는 결코 지나치게 늦은 것은 없다는 그녀의 신념은 확고하다.

제5장

퇴고와
자문화기술지

1. 매니큐어의 선물

    내러티브 의학의 워크숍을 위해 나 자신도 병렬차트를 쓴 적이 있다. 대부분의 워크숍을 진행할 때, 레베카 브라운의 『몸의 선물』을 읽고, 거기에서 알게 된 것을 쓰게 하는 과제를 제시하였다.

＊＊＊

매니큐어의 선물

    학생들의 실습지도나 종사자들의 슈퍼비전을 위해 다니고 있는 특별 양로원에서 알게 된 N 씨는 국립병원의 전 간호부장이었다. N 씨는 학생들에게 엄격한 지도를 하는 이용자로 알려져 있어서, 나 역시 그녀의 방을 조심스럽게 기웃거리며 악수를 했던 첫 번째 만남을 지금도 생생하게 기억하고 있다.

    가장 먼저 눈에 들어온 것은 그녀의 손톱에 칠해진 검은 매니큐어였다. 벽과 침대 주변이 모두 하얀 공간 속에서 그 손톱은 유달리 눈에 띄는 것이었다. 약속한 시간이 끝나갈 무렵, 나도 모르게 입에서 "그 손톱이 멋지네요."라는 말이 나왔다. 그러자 N 씨는 체념과 조금은 경멸이 섞인 눈빛으로 나를 응시했다. 그 눈빛에서 '당신도 그런 쓸데없는 것을 말하는군요.'라고 말하고 있는 것처럼 느껴졌다. 물론 N 씨는 아무 말도 하지 않았다.

    그런 첫 만남의 시선에도 굴하지 않고 계속해서 그녀를 방문하는 동안

N 씨는 점점 나를 이야기 상대로 인정해 주었다. "내 몸에서 배우세요."라는 말은 하반신이 마비된 그녀가 학생들에게 입버릇처럼 하는 표현이었다. 전쟁이 끝난 직후부터 계속 일을 하여 부장까지 승진하며 활약하던 N의 경험담은 스릴이 넘쳐서 울다가 웃다가 하면서 듣게 되었고, 마치 한 편의 시대극처럼 재미있었다. 이야기를 시작하면 뺨이 불그스레해질 정도로 열정적인 때도 있었고, 때로는 가족도 없이 평생을 간호사라는 외길을 걸어온 삶의 고독이 스며드는 때도 있었다. 그리고 이곳에서 일하는 직원들에 대하여 지나치게 혹독한 평가를 하기도 했다. N 씨의 입장에서 보면 그들은 '전혀 제대로 하지 않고' 있었다.

때로는 그녀의 지나치게 날카로운 말이 듣기 힘들어서, 내가 이야기를 다른 쪽으로 돌리려고 N 씨에게 족욕을 권한 적도 있었다. 그러자 그녀는 몸을 꼿꼿하게 세우면서 첫날의 눈초리로 나를 다시 봤다. 그리고 이번에는 침묵하지 않았다. N 씨는 "나는 이야기를 하고 싶다구요."라고 말했다. 이번에는 나 역시 그 시선을 피하지 않고 "죄송합니다."라고 사과했다.

N 씨와의 마지막 날은 갑자기 찾아왔다. 학생들로부터 입원하게 되었다는 말을 듣고 급하게 양로원으로 향했는데, 그녀를 데리고 갈 구급차가 이미 도착해 있었다. 청회색의 담요를 덮고 휠체어에 앉아 있는 그녀의 손톱은 매니큐어가 깨끗하게 지워져 있었다. 그리고 반년도 채 되지 않아, N 씨가 병원에서 사망했다는 소식을 들었다. 그리고 몇 개월이 지났을 때, 양로원의 직원으로부터 내 이름이 적힌 흰 봉투를 건네받았다. 그것은 N 씨로부터의 선물인데, 사용하던 까만 매니큐어가 덩그러니 들어 있었다.

2. 퇴고라는 또 하나의 반영 과정

N 씨라는 여성과 그녀가 사망한 후에 건네받은 매니큐어는 내 마음에 강렬하게 남아 있었다. 그래서인지 병렬차트를 쓰기 시작하자 문장이 술술 써져서 단숨에 마칠 수 있었다. 그런데 쓰고 나서 다시 읽으면서 지금까지는 배경에 지나지 않았던 것이 갑자기 전경으로 나오는 느낌이 들었다. 나는 성 이외에 이름을 말한 적이 없는데, 봉투에는 성과 이름이 적혀 있었던 것이다. 물론 그녀가 학생이나 직원에게 내 이름을 물어 보았겠지만, 봉투에 내 성과 이름 네 글자가 정확히 적혀 있었다는 것에서 왠지 모를 무게감이 느껴졌다. 내가 이것을 기억하고 있기 때문에 병렬차트를 쓰고 있었겠지만, 쓰기 전까지는 나는 그 사실을 '알지 못했다.'

병렬차트를 몇 번이고 다시 읽고 바라보는 동안, 이 문장에서는 N 씨와 나 사이에 있었던 긴장감이나 거리감, 유머와 친근함 같은 것들이 응축된 어떤 공기가 잘 전달되지 않는다는 느낌도 들었다. 처음부터 다시 쓰면서 제목도 달라진 최종 원고는 다음의 병렬차트이다.

이름의 선물

아련한 색깔의 방에서 정성껏 검게 칠한 손끝이 유난히 눈에 띈다. 내가 "그 손톱, 멋지네요."라고 말을 걸자 그녀는 나를 그저 응시할 뿐이었다 쓸 데없는 소리를 했다고 잠시 후회했다.

입버릇처럼 "내 몸으로 배우세요."라고 말하는 80세가 다 된 전 간호사였다. 움직일 수 없는 하반신과 녹슬지 않은 입담으로 나의 학생들을 교육하고 있다. 그녀의 이야기는 지루하지 않고 재미있다. 그러한 무용담, 달성, 고독. 물론 그녀는 독설가이다. 이 시설의 직원들이 하는 것을 전혀 마음에 들어 하지 않는다. 결국 지나치게 열을 올리는 그의 말투를 견딜 수 없었던 나는 "족욕이라도 할까요?"라고 하면서 말을 가로막는다. 그러자 그녀는 첫날과 같은 눈으로 나를 바라본다. 그리고 오늘은 침묵하지 않는다. "말을 하고 싶어요."라고 말했다. 이번에는 나도 "미안합니다."라고 눈을 피하지 않은 채, 말할 수 있었다.

입원하는 날 배웅을 하려고 갔을 때, 그녀는 이미 휠체어 위로 블루그레이의 담요를 덮고 있었다. 팔걸이에 걸쳐져 있는 손은 깨끗하게 탈색되어 있다.

병원에서 사망했다는 소식을 들은 지 이미 수개월이 지났을 때, 시설의 직원에게서 사용하고 남은 매니큐어를 받았다. 그녀에게서 무엇을 전달받아야 하는지에 대해 골똘히 생각하던 나는 그날에서야 그녀에게 한 번도 이름을 말한 적이 없다는 것을 알게 되었다. 봉투 같은 포장의 앞면에는 나의 성과 이름 네 글자가 왠지 맥없이, 그러나 흔들리지 않고 정확한 한자로 기재되어 있었다.

***

N 씨와 마주하고 있을 때, 나는 한 사람의 인간으로서 경의를 표하고 싶다는 마음이 있었다. 그런데 이름을 둘러싼 사건을 통해 그녀 역시 다른 누구와도 비교하지 않고 한 사람으로 나를 대해 주었다는 것 그리고 긴밀한 공기는 그렇기 때문에 생겼다는 것을 글쓰기

작업을 통해 배우게 되었다. 그녀의 모습, 그곳에 존재한 거리감이나 친밀함이 공존하는 장소를 다시 표현하려고 다시 쓰면서 'N 씨'라는 애매한 호칭을 생략하고 시제는 여러 곳을 현재형으로 표현했다. 그리고 몇 개의 단어도 취사선택했다. 퇴고 후의 병렬차트는 삭제한 만큼 정보량이 줄었다. 그래서 어떤 사실이 있었는지를 알려는 관점에서 본다면 잘 정리되지 않은 문장일지 모른다. 그러나 어떤 시간을 표현하거나 다시 제시한다는 의미에서, 선택된 사람 앞에서 읽고 싶어지는 병렬차트는 어느 쪽이냐 하면 나중의 버전이다.

이러한 퇴고의 과정은 내적 대화를 거듭하면서, 일단 써 가는 것을 '멈춤'을 가지고 자신의 밖에 두면서 독자라는 타인의 시선으로 읽어 가는 외적 대화를 진행하면, '다시 생각하기'라는 파기 환송이 일어난다는 의미에서 그것은 또 다른 반영 과정이라고 부를 수 있을 것이다. 자주 언급한 것처럼, 그것은 '자기성찰(self-reflection)'임에 틀림없다. 그런데 성찰하는 주체로서의 '자기'를 전제로 하지 않고, 이러한 과정에서 빈번하게 일어나는 모든 것이라고 생각한다면, 그것은 분명히 안데르센이 말하는 반영 과정으로 볼 수 있을 것이다. 그리고 그렇다면 문학에서 퇴고와 병렬차트의 퇴고에는 이렇다 할 차이가 없다. 표현해야 하는 것에 보다 적절한 단어, 형식, 시제, 인칭 배치, 배경이 되는 것을 음미해 가는 작업은 단순히 문장 작성 원칙에서 수정하는 작업과는 달리, 사람과 사건에 대한 안목의 세련됨이나 써야 하는 세계의 윤곽을 보다 명료화하는 과정이므로 이런 점에서는 다른 것이 없다고 생각한다.

'퇴고를 거치면서, 그녀의 손톱은 왜 검게 칠해져 있었는가?' '선물로 준 사용하던 작은 병은 무엇을 의미하는가?' 등의 대답은 여전히 공중에 떠 있다. 거기에는 여러 겹의 읽기가 가능하다. 볼프강 이저(Wolfgang Iser)는 독서행위에 의해 우리 속에 떠오른 상상력을 써가는 것 같은 간극을 '공백'이라고 부르며, 그러한 '공백'을 만날 때마다 지금까지의 이야기 경험이나 문학적 지식, 상상력에 의해 자기 나름대로 그 간극을 채우려는 독자를 '내포 독자'라고 불렀다(Iser, 1976). 내러티브 자문에서 추구하는 것은 사람이나 사건이나 사례라고 불리는 것에 포함되고 휩쓸리면서 쉬지 않고 생겨나는 이런 '공백'에 임상가로서 경험이나 지식, 상상력으로 쫓아가는 것이며, 때로는 쫓아갈 수 없는 무력감을 가지는 것인지도 모르겠다. 퇴고 후에 오히려 늘어난 '공백'은 우리에게 써서 다 메꾸는 인생도, 다 읽을 수 있는 인생도 없다는 것을 전하고 있다. 그럼에도 불구하고 또는 그렇기 때문에 그 공백과 결핍은 사람이 살아가는 것의 충만함을 이야기하며 우리들에게 겸허하도록 묵묵히 가르친다.

이 병렬차트를 발표한 후, 얼마 지나지 않아서 지금까지 몇 번이고 반복해서 읽은 시집에 실려 있는 다음의 시가 눈에 들어왔다.

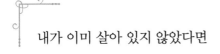

내가 이미 살아 있지 않았다면

에밀리 디킨슨

내가 이미 살아 있지 않았다면
울새들이 찾아왔을 때
왔어요, 빨간 넥타이의 아이에게
유품의 빵부스러기를

깊은 잠에 빠져서

내가 고마워라고 말하지 못해도

알아요, 말하려고

화강암의 입술로!

화강암의 요염한 검은색은 묘하게 에나멜과 겹쳐져서 반복된다.
그녀가 이러한 인용의 달콤함을 좋아하지 않을지도 모르니까, 그
녀의 모습은 보다 단정하고 강한 언어로 반사해야 할지도 모르겠
다. 소리는 어디까지나 변주가 되고 울림은 멈추지 않는다.

어두운 노래

사가와 치카

활짝 핀 새 카페트 위를

당나귀 두 마리가 트롯코*를 밀고 간다

조용히 천천히

호사스러운 꽃잎이 불타는 길에서

실크 날개는 꽃가루에 물들고

그녀의 손톱 끝이 닿는 곳은

하얀 무지개가 그려진다

*트롯코(선로 위를 달리는 화물용 운반차)

3. 자문화기술지로서 병렬차트

쓰는 것은 그때마다 새롭게 만들어지며, 퇴고는 현실을 잘라 내는 기술에 대한 일종의 단련이다. 이 작업에는 끝이 없으며, 반사된 현실에는 내담자나 환자의 모습만을 가리키고 있는 것도 아니다. 여기서 사회복지를 전공하는 학생이 쓴 또 하나의 병렬차트를 소개하고 싶다.

무제

　내 마음에 남아 있는 사람은 나와 같은 도후쿠 출신의 여성 A 씨였다. 만났을 때 첫인상은 한마디로 파워풀이었다. 큰 소리로 악수를 해 주며 마치 친한 친구를 초대한 것처럼 웃음 가득한 얼굴로 맞이해 주었다. 그날은 비가 오고 있었는데, 걸어서 간 우리들의 신발이 젖지 않았을까 걱정을 해 줄 정도로 친절한 모습을 보여 주었다.

　A 씨에 대해서 약간의 정보를 미리 알고 있었는데, 거기에는 '다른 사람에게 깊이 관여하고 싶어 하지 않는다.' '자기중심적 성격'이라고 쓰여 있어서 생각했던 모습과 눈앞에 있는 A씨는 연결되지 않았다.

　A 씨를 상징하는 모습은 '나는 모두를 행복하게 하고 싶다.'라는 것처럼 양팔을 벌리고 이야기하는 것이었다. 동시에 '나는 모두를 행복하게 하려고 애쓰는데, 그것이 전해지지 않는다. 공회전을 하고 있다.'는 것이다. 주위 사람의 이익을 생각하지만, 자신의 일을 진정으로 알아주는 사람이 없다고 말하는 마음의 절규가 들리는 것 같았다. 나는 A 씨의 마음을 이해하는 사람이

되어 그녀를 보살피고 싶다고 생각했다.

그런 생각에 빠져 있을 때, 같이 간 사례관리자가 이야기를 끊으면서 돌아가야 한다는 것을 암시하기 시작했다. 나는 지금밖에 없다고 생각하여 "A 씨는 도후쿠 출신이네요. 나도 후쿠시마 출신이어서 A 씨의 사투리를 전부 알아들을 수 있었어요."라고 말했다. 그러자 A 씨는 즐거운 듯이 일부러 방언을 섞어 가면서 이야기를 해 주었다. 돌아가려는 내게 몇 번이고 "또 와, 또."라고 다시 오라는 것을 사투리로 말했다. 나는 그 순간 정신이 퍼뜩 들었다. 나는 더 이상 여기에 올 일이 없는데, 쓸데없는 기대를 준 것이 아닌가라고 생각했다. A 씨를 돌보는 사람이 있으니까 고향이 같다는 이유로 마음의 거리를 좁혀서 조금이라도 안심하면 좋겠다고 생각했지만, 그런 경솔한 일을 해서는 안 되었던 것은 아닐까? 지금까지의 즐거운 감정이 한순간에 후회로 바뀌어 밀려오는 듯한 복잡한 기분이 들었다.

나는 A 씨와의 관계를 계기로, 내가 선의로 한 행동이 상대에게 어떤 영향을 미치는지에 대해 계속 생각하고 있다.

이 실습생의 소박한 병렬차트는 A 씨라는 연로한 여성을 그리고 있다. 거기에 있는 것은 전문직이 기관용 서식에 기재한 '자기중심적 성격'이라는 말과는 다른 모습이었다. 쓰는 사람이 말하고 있는 것은 '나'의 경험이지만, 들려주는 이야기가 이어지면서 선명해지는 것은 A 씨의 윤곽이었다. 물론 A 씨는 이런 기술적 표현으로 결정지어질 수는 없다. 파워풀하며 친절하고 공회전하고 있는 사람은 누구인가? 그것은 아직 수수께끼가 넘치는 여백이며, 이 문장을 만난 우리도 '계속 생각하는' 수밖에 없을 것이다.

그래도 잠시 눈을 돌리고 싶은 것은, 이 단문에서 드러난 A 씨의 모습에만 머물지 않았으면 하는 것이다. 여기에는 기대하는 내담자와의 거리와, 그것에 관심을 가지는 '나'라는 사회복지사의 성장 과정이 기록되어 있다. 또는 지역에서 살고 있는 다양한 고령자를 범주화하여 대응하지 않으면 안 되는 전문직의 과도한 업무와 피폐함, 복지체계 문제라는 원거리의 풍경까지 떠오르면서 많은 것들이 보인다. 쓰는 사람도 아마 자신의 성장이나 복지현장의 산적한 과제를 기술하려는 의도는 가지고 있지 않았을 것이다. 그렇지만 그것은 쓰여 있다.

병렬차트가 여러 가지 모습이나 다층인 것을 드러내고 있다는 것을 알게 되었을 때, 내 눈에 우연히 들어온 것은 인류학과 그 근접영역에서 사용되고 있는 자문화기술지이다. 자문화기술지는 자신의 경험을 표현하여 그것을 자기 재귀적으로 되돌림에 의해서 여러 층으로 쌓는 과정을 통해 자기와 타인 그리고 그것을 성립시키는 사회적 · 문화적 맥락을 부각시키면서 이해하려는 시도이다. 대표주자인 캐롤라인 엘리스의 작업(Ellis, 1995)에 잘 드러나 있는 것처럼 거기에서는 경험의 주관성, 그중에서도 감정이 의도적으로 부각되며, 표현 형태는 소설이나 시는 물론 사진이나 영상 등 기존의 문화기술지를 넘어서서 폭이 넓다. 고도로 개인화된 맥락에서 독자 역시 개인적 경험을 요구받는 것처럼 여기에는 '감정을 불러일으키는 표현(evocative representions)'이라는 것을 경유하여, 개인을 문화나 사회와 연결시켜는 의지가 있다.

자기 자신이라는 무엇보다 농후한 경험을 통로로 그 맥락을 선명하게 하는 것을 사명으로 하는 자문화기술지(Densin, 2013; Bochner & Ellis, 2016)와 케어 개선을 목적으로 환자와 나에게 이야기적 기술로 불러일으키는 병렬차트는 얼핏 보면 그 출발점에는 거리가 있는 것처럼 보인다. 그러나 케어 개선을 지향함으로써 의료공간이나 헬스 케어 시스템, 그리고 그것의 기반이되는 사회전체의 실정과 이러한 맥락에 대해 묻는 감수성을 내러티브 의학이 강조한다고 생각할 때, 양측의 경계는 무너지면서 서로 섞이게 된다. 거기에 함께 있는 것은 표현/다시 제시하기를 통해서 사람이 맥락을 만들고, 맥락이 사람을 성장시키는 동시적이며 순환적인 이 세상을 밀어젖히면서 보려는 의욕을 가지게 된다. 그것은 글쓰기 작업이 이 같은 일련의 과정에 도움이 되는 공명이기 때문이다.

로렐 리처드슨(Laurel Richardson)은 질적 연구 또는 문화기술지의 영역에 기반을 두면서 쓰는 것 자체가 탐구의 방법이라고 역설했다. 그녀는 포스트모던의 맥락을 재확인해 가면서, 모든 저술은 베껴 쓰는 것이 아니라, 산출과 분석의 동시적인 진행이며, 쓰는 과정과 쓰인 산물은 항상 서로 깊이 침투한다는 것을 지적했다. 종종 과학적 서술에서조차 은유가 포함되어 기능하고 있는 사실을 지적하면서, 거기에서 문학적인 마감을 채택한 글쓰기 작업은 그것으로 의해서만 닿지 않은 것의 출발이라고 말하고 있다(Richardson, 1996). 여기에는 병렬차트이든 자문화기술지이든 간에, 그것이 픽션인지 논픽션인지를 분류하는 의미가 점점 희박해진다는 것을 알 수 있을 것이다. 쓰는 과정에서 우리는 사람이나 사건의 깊이를 알리면서 그 배후나 때로는 세부적인 것과 만나게 된다. 의도나 의식을 넘어서 넓고 높게 바라보는 장소에 대한 글쓰기 작업을 권유받게 된다. 내러티브 자문은 그런 것에 마음이 이끌리고 있다.

이미지의
전달

1. 은혜 갚은 장어

은혜 갚은 장어

주치의로부터 의뢰된 이유는 수술을 앞둔 불안 때문이었다. 첫 면담에서는 재발로 인해 그동안 복약을 중단할 수 있었던 신경안정제가 오히려 양이 늘어난 것에 대한 걱정을, 그다음 날 다시 만났을 때는 남편의 암과 두 아이에 대한 걱정을 말했다. 그러나 그때까지는 남편의 직업이나 본가에 대해 전혀 알지 못했다. 수술이 순조롭게 끝나서, 세 번째 병실을 방문했다. 이런저런 가벼운 대화를 주고받던 중, 그녀가 "부부가 함께 암에 걸렸다는 것은 우리들이 엄청 나쁜 짓을 했다는 것이겠지요?"라고 말을 하여, 나는 "그러고 보면 언젠가 식도락으로 장어를 너무 많이 잡아먹어서 암에 걸렸기 때문에 공양을 해야 한다는 사람도 있었지요."라고 가볍게 대꾸했다. 그 말이 끝나자마자, 그녀는 큰 소리로 말했다.

"우리, 우리가 장어 전문 식당을 해요!"

이것으로 가족에 대해 이야기하는 계기가 되었고, 나는 남편이 장어 전문 식당을 가업으로 물려받았는지 물었다. "아니에요, 양식 셰프였는데, 장어는 어디 하나 버릴 곳이 없어서 전부 쓸 수 있다면서 업종을 바꿨어요."라고 대답했다. 그녀가 시집을 온 것은 남편이 장어 전문 식당을 열던 해였다. 매일 살생을 하기 때문에 매년 빠지지 않고 공양을 하고 있다. 그런데 최근 몇 년은 공양할 때마다 올라오는 연기의 형태가 다르고, 행인들이 점포가 아닌 거주 공간을 힐끗힐끗 본다거나, 무엇보다 바람 부는 방향이 심상치 않다는 것이다. 이 모든 것이 장어의 저주 같다고 말했다.

"그래요. 그렇지만 남편이 정말 구해 줬어요. 부모가 정한 상대에게 시집을 와서야 그동안 계속 이상하다고 생각했던 의문이 겨우 풀렸어요. 남편은 따뜻한 사람이어서, 말로 하면 알 텐데라며 당연하다는 듯이 말해 줬어요. 언젠가부터 나는 사람들의 눈치를 보게 됐는데, 입원 내내 간호사들이 많이 신경이 쓰여요. 내가 아이들을 잘 키울 수 있을지도 무척 두려웠어요. 사람들은 자식을 자신이 어렸을 때 겪은 대로만 키울 수밖에 없다고 들었기 때문에요."

나는 "남편이 정말 구해 줬어요."라는 말이 가장 마음에 남았다. 그녀는 언제가 구원을 받을 수 있을 것이라고 믿고 살아온 반평생이 이 한마디에 응축되어 있었기 때문이다. 그러나 이 문장을 퇴고하려고 할 때, 계속 떠오르는 시각적 이미지는 장어였다. 어릴 적, 여름이 되면 어디선가 한두 번은 꼭 만나게 되는 '장어 장수'가 오면, 할머니는 반드시 양철 양동이에 물을 채워가지고 가서 한 마리를 사 왔다. 그리고 양철 양동이는 된장통 옆에 놓아두어 장어는 독특한 옅은 어둠과 습도, 냄새가 뒤엉킨 토방에서 한나절 동안 죽음을 기다린다. 옆에는 서민의 지혜라고나 할까 소화불량 예방을 위한 '궁합이 좋은' 음식 목록이 기재된 포스터가 붙어 있다. '장어와 매실' '수박과 튀김' 같은 것이다. 아이들은 미신이라고 일축하면서도 일부러 그것을 시험해 볼 담력은 없다. 장어라는 문자 그대로, 잡을 곳이 없는 이상한 생물은 매일 살해되는 장소에서 사람들을 구제한다는 이중성이 있다. 그리고 남편과의 만남이 폭력의 가해자인 아버지의 명령으로 이루어진 것이라면, 그것이 단순한 신앙의 이야기는 아니라는 것을 알 수 있다. 앞으로 죽음을 두려워하면서 투병생활을 해 가는 그녀를 어떻게 대해야 할 것인가?

2. 병렬차트에서의 이미지

내가 이 병렬차트를 단숨에 쓸 수 있었던 것은 이미지 때문이었다. 그것은 그녀를 면담하면서 떠오른 이미지이다. 지금까지의 임상에 대한 반성인 동시에, 앞으로의 임상에 어떻게 기여할 것인가의 지혜이기도 하다. 이것을 화이트의 외부인증자 기법에 덧붙여 정리해 보려고 한다. 말하자면, (이 면담에서는 같은 시간에 공간을 달리하는 팀에 의한 것은 아니지만) 시간을 달리하여 내 스스로가 실시한 반영팀이었다. 그런데 화이트는 왜 이런 기법을 제창한 것일까? 그는 말해진 것에서 일어나는 이미지에 주목하는 것이 상담을 하러 온 사람들에게는 중요하다는 것을 여러 번 강조하였다. 그 같은 힌트 역시 이미지에 있지 않을까? 반영팀에 관해서 화이트가 자주 참조한 과학철학자인 가스통 바슐라르(Gaston Bachelard)는 이미지의 전달과 수용에 대한 심리주의를 넘어서 현상학적 고찰을 전개하고 있다.

시적 이미지가 인과관계에 지배되지 않는다는 것은 분명히 중요한 의미 있는 진술이다. 그러나 심리학자나 정신분석가가 언급하는 원인에 따른다면, 새로운 이미지에 대해 전혀 다른 의외의 성격을 설명하는 것은 불가능하며, 이미지의 과정을 모르는 사람들에게도 이미지는 왜 같은 기분을 느끼게 하는 것인가라는 것을 해명할 방법도 없다. 시인은 그들의 이미지의 과거를 우리들에게 가르쳐 주지 않는다, 그러나 그들의 이미지는 우리이 마음에 금방 뿌리내린다. 어떤 특이한 이미지가 전달될 수 있다는 것은 존재론적으로

매우 중요한 사실이다. ……(중략)…… 이미지는 나중에서야 살짝 감동을 주는데 , 이미지는 감동의 현상이 아니다. 심리학적 연구에서는 확실히 시인의 개성을 결정할 때, 정신분석의 방법을 고려하여 그것에 의한 압박—그중에서도 억압—의 정도를 측정할 수 있다. 그러나 시의 행위, 갑자기 떠오르는 이미지, 상상력에 의한 존재의 타오르는 불꽃은 이런 종류의 연구에서는 파악할 수 없다.

(Bachelard, 1957)

또한 '공명'과 '반향'의 개념에 의해, 수용한다는 것은 심리적인 과정을 거치지 않고 그대로 자신의 존재에 다른 상태로 바꾸는 것 같은 이미지의 경험으로 묘사하고 있다.

공명은 세상 속에 있는 우리 삶을 여러 가지 평면으로 확산하는 것이며, 반향은 우리에게 자기의 존재를 심화시키는 데 기여하고 있다. 공명을 통해 우리는 시를 듣게 되며, 반향은 우리에게 시를 읊게 하여, 시는 우리 것이 된다. 반향은 존재를 반전시킨다. …… (중략) …… 우리는 이런 반향에 의해 곧바로 모든 심리학이나 정신분석을 뛰어넘어서 자신 속에 소박하게 피어나는 시의 힘을 느낀다. 그러나 이미지는 표층을 흔들기 전에 심층부를 건들리고 있다. 이것은 독자의 단순한 경험에도 적용된다. 시를 읽으면서 드러나는 이미지는 이렇게 해서 우리의 진정한 이미지가 된다. 이미지는 우리 속에 뿌리를 내린다. 확실히 외부로부터 받아들이는 것인데 자신에게도 이것을 창조할 수 있으며, 자신이 이것을 창조했을 것 같다는 인상을 가지기 시작한다. 이미지는 우리의 언어의 새로운 존재가 된다. 이미지는 그 이미지가 표현하는 것으로 우리를 바꾸며, 그것에 의해 우리를 표현하는 것이다. 바꾸어 말하면, 그것이 표현의 생성이며, 또한 우리의 존재의 생성이 된다. 여기에는 표현이 존재를 창조한다.

(Bachelard, 1957)

또한 시인인 옥타비오 파스(Octavio Paz)는 다음과 같이 언급하였다.

시의 진실은 시적 경험에 지배되는 것인데, …… (중략) …… 이러한 경험은 이미지 속에서 표현되고 전달된다. …… (중략) …… 이것은 이미지는 그것 자체에 의하지 않으면 설명할 수 없기 때문에 이미지의 고유한 전달방법은 개념적 전달이 아니라는 것이다. 이미지는 설명하지 않는다. 그것은 사람이 이미지를 재창조하여, 문자 그대로 이미지를 또다시 태어나도록 유혹하는 것이다. 시인의 발화는 시적 감각에서 구현된다. 이미지는 인간을 보통과 다른 성질로 만들어 다른 것이 될 수 없는 이미지에, 즉 거기에 있으면 대립할 수 밖에 없는 것들이 융합해 버리는 공간으로 변화시켜 버린다.

(Paz, 1956)

이렇게 생각하면 화이트의 지시는 시적 경험을 전달하는 것이다. 나는 무엇을 의도하여 '은혜 갚은 장어'라는 제목을 병렬차트에 붙인 것인가? 그것은 이 원고를 집필하기 훨씬 전인 4년 전 임상경험에서 느꼈던 생각이 떠올랐기 때문이다. 물론 '은혜 갚은 두루미'라는 민담에서 연상되었다는 것도 금방 알 수 있을 것이다. 그러나 상품으로서 죽어 가는 장어가 그 가해자인 그녀의 가족에게 은혜 갚기를 한다는 것을 시사하는 제목에는 논리가 부족하다. 즉, 그것은 언어유희 같은 제목이었을 뿐이다.

3. 병렬차트를 다시 읽기

'은혜 갚은 장어'를 작성한 것은 그녀가 의뢰된 지 얼마 되지 않았을 때다. 그 후 전이는 되었지만 암세포를 제거했기 때문에, 2년 후 재발할 때까지는 여느 가정에서와 마찬가지로 아이들을 키우는 것에 대한 어려움을 호소하면서 상담이 이어졌다. 그리고 재발로 치료가 다시 시작되자, 이번에는 고통을 케어하는 것이 중요하게 되어, 결국 뇌 전이로 인한 방사선 치료로 모든 치료는 끝났다. 마지막 입원에서는 임종을 위한 케어를 어떻게 할 것인지에 대한 상담이 이루어졌다. 암센터는 기본적으로 간병을 하지 않기 때문에 재택이 가능한지 아니면 호스피스 병원으로 전원할 것인지에 대한 논의를 했다. 그녀도 가족도 그다지 강렬하게 요구한 것은 아니었지만, 집에서 재택간병을 하는 것이 무리라고 해도, 한동안은 집에서 지내고 싶다고 결정했다. 그리고 한 달 후, 그녀는 자택에서 가족들이 지켜보는 가운데 세상을 떠났다.

그러고 나서 반년 후, 병렬차트로서 앞에 언급한 문장을 읽어 갔다. 병렬차트의 마지막 부분에 몇 가지 대조적 문구가 있다는 것에 관심을 가지게 되었다. 미신 대 도취, 살생 대 구제, 그리고 남편과의 만남과 아버지의 결정 등이다. 그것을 파스가 말한 이미지의 기능(대립하는 것이 융합되어 공간으로 변한다는)에 초점을 맞추어 보기로 하자. 나는 그제서야 내가 면담을 하면서 느꼈던 대립을 융합시키기 위해 이것을 쓴 것이 아닐까라는 사실을 깨닫게 되었다. 잡을 것도 없는 이상한 것에 우선 납득한다고 말하려고 한다. 제임스 프로섹이 '장어와 인간'에서 탐구했던 장어의 비교문화 인류학적 미스터리한 지위도 관계가 있는지 모르겠다(Prosek, 2010).

이상하게 들릴지 모르겠지만, 사실 이 장을 마무리하려고 할 때, 별 생각 없이 펼친 이와나미 문고의 이탈로 칼비노(Italo Calvino)의 『아메리카 강의』라는 책에서 작게 접힌 복사물 하나가 떨어졌다. 이게 뭐지라고 기억을 더듬어 봤다. 그 책의 136쪽에는 에뷔쥬니오 몬다레(Eugenio Montale)의 시를 사토 미츠오가 일본어로 번역한 시가 있었다. 거기에 꽂혀 있던 종이다. 그것을 일부러 여기에 소개하는 것은 그 시의 제목이 '장어'이기보다는, '장어의 공양'으로 시작된다는 것이 이 이야기의 전개와도 맞아떨어진 우연이기 때문이다.

4. 산문과 시: 탈구축을 대신하여

시와 시 정신(poiesis)에 대해서 확인해 보려고 한다. 옥타비오 파스에 의하면, "소네트(역자 주: 14행으로 된 영문 시)는 수사적으로 오는 것―시절(詩節), 격조(格調), 압운(押韻)―이 시 정신을 엮어 내지 못한다면 그것은 시가 아니고, 하나의 문학적 형식일 뿐이다. 압운을 위한 기계가 될 수는 있지만, 시답게 만들기 위한 기계는 아니다. 한편, 시 또는 시 정신은 존재한다. 풍경, 인물, 사실 등은 종종 시적인데, 거기에는 시라고 할 수 있는 것은 없고 시 정신이 있을 수도 있다. …… (중략) …… 시는 시 정신을 포함해서 그것을 지탱하는 또는 표현하는 언어의 유기체이다."(Paz, 1967).

그런데 병렬차트이든 뭐든 무언가를 쓸 때는, 산문인가 시인가의 선택은 어떻게 하는 것인가? 그것을 생각하려면 산문과 시의 차이에 대해서 이해할 필요가 있는데, 여기서는 다소 모호한 채로 이야기를 전개해 보려고 한다.

실제의 예를 들고 싶다. 레이먼드 카버(Raymond Carver)의 유작인 1989년『폭포의 새로운 오솔길』은 시집이지만 사실은 산문을 시로 정리한 것으로 15권이나 된다. 아내인 작가 테스 갤러거(Tes Gallagher)가 '문득 충동적으로 타이프라이터 앞에 앉아서, 체호프(Chekhov)에서 발췌한 부분을 적당히 바꿔 쓰면서 시의 형태로 만들고 제목도 붙여 보았던 것'이 계기가 되어, 카버 역시 같은 시도를 하게 되었다고 한다. 두 사람은 체호프 속에서 시인을 발견했던 것이다. 예를 들어 보자.

한낮에

'오리 수프'가 나왔다. 나름 맛있다. 그러나 육즙을
삼키는 것은 아주 어려운 일이었다. 제대로
씻지도 않은 야생 오리의 고기 조각과 내장이
정나미가 떨어진 끈적끈적한 액체…
맛좋은 음식은 아주 먼 것

안톤 체호프, 〈시베리아의 여행〉(Carver, 1989)

한 줄이 짧고 공백을 남기면서, 여러 행을 통해 손님이 나온 음식에 질색을 하고 있는 정경을 선명하게 떠올리게 하여, 나는 이런 것을 시라고 부르는 것에 저항할 생각이 없다. 이것은 시간이 멈춰진 스냅사진과 같다. 반대로 산문은 한 줄의 공백을 남기지 않으면서 연달아 일단락도 없이 하나의 장면이 아니라, 몇 개의 사건이나 논리를 연결하는 것이다. 사진보다는 시간이 흐르는 영화에 가깝다.

체호프에 대해서 같은 문제의식을 제시한 것이 나보코프 (Vladimir Nabokov)이다. '개를 데리고 가는 부인'에 대한 강의였다. "체호프가 정적인 단편의 클라이맥스 부분이라고 불러도 좋은 부분이 여기서부터 시작한다. 우선, 평범한 시민이 로맨틱하다고 생각하는 것이 있고 다른 편에는, 산문적이라고 보이는 것이 있다. …… 그런데 예술가에게는 양쪽 모두 비교할 수 없는 핵심이 된다. 이러한 대조는 그로프가 가장 로맨틱한 순간에 얄타의 호텔 방 안에서 가만히 앉아서 유유자적하며 한 조각의 수박을 먹고 있는 장면에 의해 이미 암시되고 있다."(Nabokov, 1981) 해당되는 부분(Chekhov, 1899)을 가지고 가버를 따라서 시로 만들어 보기로 하자.

그녀는 여위어서

얼굴은 기운이 없어 보이고

슬픈 듯이 긴 머리가 흐트러지고

꾸벅꾸벅 조는 포즈로 생각에 잠겨 있을 때

옛날 그림에 그려진 죄를 지은 여인과 똑같았다

"이럼 안 돼."라고

그녀는 말했다

"네가 지금은 가장 나를 존경해 주지 않는 사람이구나."

방 안 테이블 위에는

수박이 놓여 있다

그로프는 한입을 잘라서

천천히 먹기 시작했다

적어도 반 시간은

침묵 속에서 지나다

시를 읽는 습관이 없는 사람에게 이것은 시일 것이다. 즉, 시의 소재가 되는 정경을 제시한다면, 시를 써 본 적이 없는 사람이라도 이 정도로는 쓸 수 있는 것이 아닐까? 그렇다면 시를 쓰는 것은 시의 소재 발견 여하에 달려 있는 것이 아닐까? 덧붙여서 나보고프는 강의의 마지막에 체호프의 전형적인 특징 다섯 가지를 소개했는데, 그것은 다음과 같다.

> 통찰과 유머를 가지고 여러 곳에서 강조되고 있는 시와 산문의 대조는 결국에는 작품 속의 인물만을 위한 대조이다. 현실에 내가 느끼는 것은 체호프에게는 고귀한 것과 저급한 것의 차이가 존재하지 않는다는 것, 한 조각의 수박이나 갈색의 바다. 주지사의 손은 어느 것이나 세계의 '아름다움 플러스 가련함'의 본질적 요소라고 말할 수 있다.
>
> (Nabokov, 1981)

그렇다면 시인가 산문인가라고 묻는 것은 의미 없는 것으로 어느 쪽이든 추구되는 것은 시 정신이다. 문학형식의 선택은 개인의 선호나 그 시대나 국가, 문화에서 시가 어느 정도 가까운 것인가에 좌우된다.

제7장

섬망의
활용

1. 죽은 적도 없는 주제에

죽은 적도 없는 주제에

평범한 사례라고 생각했다. 소화기암을 앓는 남성은 나와 같은 나이의 기술자인데, 혼자 살고 있다. 2년 전 봄, 하마다 씨(가명)는 폐소공포를 호소하여 내게 의뢰되었다. MRI 검사를 할 때 겪는 불안과 불면은 몇 번의 약물치료로 해결되었다. 그러나 반년이 지난 후, 이번에는 섬망을 호소해 왔다. 발병 이후 섬망이 반복되고 있었다. 결국 항암제도 중단하였다. 입원 후, 암이 뇌까지 전이되었다는 것을 알고 치료를 어떻게 진행해야 할지에 대해 병원에서 콘퍼런스가 열렸다. 거기서 수면으로 단회기 정위적 방사선 수술을 하기로 결정하고, 그것에 희망을 걸었다. 콘퍼런스에 참여하면서 왠지 모르겠지만, 모두가 진심으로 그를 걱정하고 있다는 것을 알았다.

혈압이 떨어진 금요일, 모두가 오늘이 그의 마지막이라고 생각했다. 의식이 혼미해지면서 그가 말했다. "홈런, 쳤어요!" 나는 물었다. "넌 , 몇 학년?" "초등학교 1학년입니다."라고 대답했다. 그가 지금 어머니와 대화를 하고 있다고 생각했다. 해안가의 작은 마을에서 혼자 지내고 있는 연로한 어머니였다. 함께 살자는 아들의 권유를 수차례 마다하고, 이웃과 헤어지는 게 쓸쓸하니까라고 하면서 태어난 곳을 떠나려 하지 않은 사람이다. 아마 자식에게 짐에 되고 싶지 않아서 한 결단이었을 것이다. "그래, 또 올게." "감사합니다. 건강해졌으니까, 또 오세요!"라고 이어 갔다.

다음 주 월요일, 그는 죽지 않았다. 의식상애도 개선되었다. 몸 여기저기에 여러 개의 튜브를 꽂은 채 병상에 누워 있는 그가 창밖으로 보이는 주차장의 흔한 광경을 바라보면서 말했다. "선생님, 살아 있다는 건 정말 좋은 것이네요."라고. 내 마음에는 심한 동요가 일기 시작했다. 그리고 무심코 했던 말이 "죽어 본 적도 없는 주제에."였다. 그는 한동안 침묵하고 나서 이렇게 되받았다. "그렇지만 어쩔 수 없으니까, 단지 그렇게 느끼는 거예요." 그는 죽는 일이 없다면 살아 있는 것을 비교해서 어느 것이 좋은지 말할 수 없지 않느냐는 나의 궤변에 말려들었다. 그는 살아 있는 것이 절대적으로 좋다고 말하고 있다. 이런 말을 듣게 될 줄은 생각도 못했을 것이다. 그러나 사람이 어떤 말을 할 때, 그것과 대비되는 무언가는 말하지 않고 남긴다. 절망이라면 희망을, 죽음이라면 삶을. 그렇기 때문에 부정적인 표현은 긍정적으로 되고 싶다는 것을 나타낸다. 그의 긍정에 부정이 겹쳐진다면 그의 존재가 더욱 도드라질 것 같았다. 그가 나와 동년배였기 때문에 교과서적으로도, 한 개인으로서도 권장하기 어려운 그런 시니컬한 말을 할 수 있었을지도 모른다.

아직 조금은 멍해 있었지만, 주치의를 대신해서 내가 DNAR(역자 주: 소생 시도 포기)을 받았다. 그는 법률사무소를 선택하여 본인의 의사에 따라 사후 정리를 어떻게 할 것인가가 정했다. 가진 재산은 모두 어머니에게 남겼다. 장례식은 고향에서 할 것인가, 시신은 고향까지 운송할 것인가, 그 비용은 재산에서 공제할 것인가, 자동차와 집은 매각할 것인가 등의 내용에 대한 의견을 표명해야 한다. 이 같이 대답하기 어려운 질문에 그는 YES라는 쪽에 하나씩 동그라미를 쳤다. 어머니에게 연락을 했다. 어머니가 휘몰아치는 눈발을 헤치고 병원에 온 다음 날, 그는 세상을 떠났다. 영안실에는 왜소한 노모의 몸에서 나올 수 있는 소리라고는 믿어지지 않는 큰 소리가 울려 퍼지고 있었다. 나무아미타불–나무아미타불–나무아미타불–나무아미타불–나무아미타불– 관 속에 있는 그의 얼굴을 봤다. 참 비범한 사례였다고 생각했다.

2. 홈런과 푸른 하늘

나는 고모리 씨로부터 이 병렬차트를 받아 다음과 같은 답장을 쓰고 있다.

***

'죽은 적도 없는 주제에'가 오랫동안 내 마음속에 남아 있다. 그래서 내가 오래전 써 두었던 병렬차트를 먼저 읽고 그것을 '마치 ～인 듯'으로 반영해 보았다. 이것을 앞으로의 글쓰기 프로젝트에서 또 다른 형식으로 활용해도 괜찮을 것 같은 생각이 겹쳐져 시도해 보게 된 것이다. 즉, 병렬차트로의 반영을 한 후, 거기에 글쓰기 작업을 더해 가는 것도 새로운 시도라고 생각했다(그렇다면 사례회의처럼 한 장소에 모이지 않아도 가능하다는 이점도 있을 것이다). 그래서 머리에서 떠나지 않는 '죽은 적도 없는 주제에'에 대한 대답으로서 머리에 떠오르는 문장을 작성해 보았다.

나는 시간을 거슬러 간다

또다시 일곱 살의 소년이 되어

볼을 높게 멀리 친다

그 높은 외로움(孤高)도

자랑과

탄성과

파란

무엇보다 환호를

휠휠 나는 강인한 그의 손에 잡혔다

저는 고향이 있고

저는 사랑하는 사람도 있다

단 하나의 그 울림을

떨림, 애도, 그의 귀가 알고 있다

그리고 저는 좋은 것에 안겨서 길을 떠나다

그것의 평안

그것의 영원

  내게 '죽은 적도 없는 주제에'는 결혼식의 병렬차트(제9장)와 대
극이 되어 결합되어 있는데, 두 개 모두 애정을 가진 것이다. 둘 다
거기에는 '사람'이 존재할 뿐만 아니라, 여러가지 사회적 이슈도 포
함되어 있어서 새삼 글 쓰는 작업은 대단한 것이라는 것을 깨닫게
하였다(읽을 때마다 몇 번이고 다른 곳에 스포트라이트를 비출 수 있는
것처럼 읽힌다).

***

  암에 걸린 독신 남성이 죽을 때까지의 이야기는 처음에 언급한

대로, '평범한 사례'였다. 어떻게 보면 그것은 '평범하고 행복한'보다는 '평범해서 안타까운'의 톤을 띠고 있다. '왠지 모르겠지만, 모두가 진심으로 그를 걱정하고 있고 있다.' 의료진도 마찬가지이지만, 읽는 사람 역시 하마다 씨에게 마음이 가는 것은 그러한 '안타까움'이나 애절함 사이 어디쯤엔가 있는 자신과 누군가는 여전히 그같은 익숙한 장소를 벗어난 지금을 살아가고 있기 때문일 것이다.

그렇지만 섬망이 시간을 뒤흔들어 버렸을 때, 그는 '홈런'을 쳤다고 말했다. 바닷가 작은 마을의 파란 하늘에 쳐 올린 하얀 공이 보인다. '홈런'이라는 성취와 화려함을 휩싸는 탄성이 들린다. 수줍어하면서도 화려하게 다이아몬드를 도는 소년의 백넘버를 눈으로 쫓아 가면, 거기에는 활력이 넘치고 사랑하는 청년기의 하마다 씨와 기술자로서 충실한 40대의 그도 있는 것 같다. 나는 그의 인생에, 또는 그것이 누구의 인생이든 '홈런'의 환호가 있다는 것을 이한 문장에서 알 수 있었다. 그렇기 때문에 죽음이 없어도 '살아 있는 건 정말 좋네요.'라는 것과 마찬가지로 주저하지 않았다고 생각했다. '죽은 적도 없는 주제에'라는 의사의 말은 얼핏 보면 반론을 제기하는 듯 보이지만, 여기서는 의미가 다르다. 절대성을 느낄 때만 언급할 수 있는 공명이며, '단지 그렇게 느끼는' 것을 먼저 지지한 것 이외에 다른 의미는 없다.

그렇게 해서 그라운드를 바라보고 있으면, 문장에서 읽는 사람인 '나'의 옆에 조용히 서 있는 또 다른 사람의 배려가 느껴진다. '나'란 주어를 '저'로 바꿔서 말하는 사람의 손에는 공이 꽉 쥐어져 있다 노련하고 안정돼 이 세상과 저세상의 알려지지 않은 장수에서 들려오는 소리, 하마다 씨의 또는 홀로 세상을 떠난 무수히 많은 사람들의 것일 것 같은 소리는 누구에게도, 어떤 인생에도, 돌아갈 장소와 사람이 있는 것을 살짝 말하듯이 알린다. 어머니의 염불은 싸구려 연민 따위를 일축해 버리는 듯, 모든 것을 향하여 울려 퍼지고 있다. 그것이 하마다 씨의 귀에 불어넣어지면서 우리들을 두려움과 애도와 위로 속에서 흔들리게 한다. 평범하지만 그것을 그대로 비범으로 바꾸는 것은, 개별로 바라보려고 하는 것에 평범이 머무르는 것과 묘하게 서로 겹쳐진다.

……이렇게 쓰면서 '내가 죽은 적도 없는 주제에'에 대해 이러한 문장으로 응답을 하고 싶었다는 것을 지금에서야 알게 되었다. 이런 병렬차트를 쓰고 싶다는 강력한 마음이 들었을 때, 정말 되돌리고 싶은 것은 시와 같은 언어였다. 병렬차트에서 받은 감정을 다시 알기 쉽게 바꾸려고 하거나 그 의미를 산문으로 만들면 그것은 망가지거나 사라져 버릴 것이라는 것을 그때 직감했다. 이러한 손상이나 소실을 조금이라도 피하려고 하면 받은 무언가를 되돌려서 전하는 것이 아닌, 있는 그대로 거기에 살짝 두고 싶다고 원할 때, 언어는 '시와 같은 것'이 되어 세상으로 나온다.

"나는 시를 쓴다. 그 이유는 이 사회에서 사용되는 언어나 산문적 표현으로 글을 쓴다면 분명 세상을 얼어붙게 할 만한 것들을 시는 녹일 수 있기 때문이다."(요시모토, 2006)라는 말이 떠오른다. 여기서 언급한 것처럼 얼어서 단단하게 되는 것이 아닌, 녹아내리고 확산을 하는 동안 여러 개가 되지만 그래도 지켜지는 무언가를 비추는 것은 아마 시가 뛰어날 것이다[1].

'죽은 적도 없는 주제에'가 나를 시와 마주하게 하는 것은 아마도

이 문장이 너무나도 동시에 여러 가지 풍경을 보게 했고, 여러 명의 소리를 가져오고, 많은 시간을 포함하고 있기 때문이었다. 그리고 이 같은 복수성은 각각 뿔뿔이 흩어져 있던 것을 모은 것이 아니라, 연결하여 포함되고 앞과 뒤가 되는 동시적인 일체였다. 이것이 환자와 의료인이 만나는 공간의 다시 제시하기(representation)로서 병렬차트였다는 것을 다시 한번 생각할 때, 여기에는 시로만 드러낼 수 있는 시적인 것이 실제 일어나고 있었다. 시적인 시간이 흐르고 있었다고 생각하는 것은 무의미할 것이다. 우리는 이런 병렬차트가 알려 준 시적 시간/시적 현실/시적 세계에 부름을 받아서 이끄는 대로 자신도 모르는 사이에 '시와 같은 것'을 말하게 되었다는 것으로 생각하면 좋겠다.

---

1) 요시모토 타카아키(吉本隆明)는 '비유법론-시인론 서설 3'에서 시는 비유를 생각할 때, 수사학적인[대표적으로 직유(similie)와 은유(metaphor)처럼] 분류는 그다지 의미가 없다고 생각하였다. 따라서 기능적 관점에서 '감각적 비유'=감각을 형상하려고 하는 은밀한 방법, '의미론적 비유'=의미를 성립시키려는 비유, '개념적 비유'=의미론적 비유나 감각적 비유가 필연성을 가지지 않음에도 불구하고, 개념의 직접 표현으로서 필연성을 가진 은유라는 세 가지로 나누고 있다. 예를 들어, '나는 나를 사랑하는 여자가 있다.'가 개념적 비유에 해당할 것이다. 개방체계이면서 일체화를 초래하는 '개념적 비유'가 시에 두드러진 비유라고 하더라도 산문의 모든 것이 이런 '개념적 비유'에 다가가는 것은 아니다. 예를 들어, 무라카미 하루키의 직유는 명시적인 감각의 형상이나 의미의 성립을 회피하거나 착란시키려는 '개념적 비유'라고 말할 수 있을 것이다.

3. 연작시, 섬망, 올리버 색스

시로 반영을 했는데 산문으로 대답하는 것은 왠지 모르게 밋밋해 보이지만, 이번 장은 처음부터 연작시를 염두에 둔 것은 아니다. 다니가와 준다로는 연작시에 대해 이렇게 말하고 있다.

> 자신 앞의 시를 받아들여야 하며, 나중의 시에 마음을 남겨야 한다. 즉, 자신을 중심에 한 전후의 맥락을 타인의 마음으로 생각해서는 안 된다는 것이다. 일반적으로 우리가 시를 쓰고 있을 때에는 이것을 전혀 생각하지 않는다. ……(중략)…… 그런데 연작시를 써야 하는 상황이 되면 자신의 양 옆의 사람들이 클로즈업된다. 양 옆의 사람들은 과거에 어떤 시를 썼는가, 그 사람이 지금까지 어떤 사람들을 사귀어 왔는가, 그런 것에서부터 세상을 인식하기 시작한다. 혼자서 시를 쓸 때는 넓고 추상적인 것만 문맥이 되었는데, 연작시의 경우에 문맥은 보다 구체적인 것이 된다. 양 옆 사람의 얼굴색이나 건강상태까지를 파악하여 시에 포함한다. 내 경우는 그렇게 하는 것에서 내 시의 문맥이 전혀 달라졌다. 또한, 연작시의 경우에는 그 '장소'와 그 '때'라는 구체적인 것에서 시상이 떠오르지 않으면 안 된다.
>
> (오오카, 다니가와, 1975)

이것이야말로 반영 과정의 핵심일 것이다.

나는 아다치 씨의 반영을 통해서 하마다 씨의 '홈런, 쳤어요!'는 병렬차트의 또 다른 종류였다는 것을 새삼 이해할 수 있었다. 그것이 섬망 상태에서 나타나는 공간 인식장애라도 할지라도, 여러 섬망이 있을 수 있기 때문에, 그런 섬망에 초점을 두어야 한다는 반영이었다고 생각한다. 완화의료를 하는 기시모토 히로시는『섬망의 완화 케어−심리적 측면에 대한 배려』(2001)라는 저서에서 섬망환자의 이야기에 귀를 기울이지 않는 것에 경종을 울리고 있다.[2] 섬망의 譫 자는 『신지겐(新字源)』(역자 주: 카도카와 출판사에서 발간된 일본어 사전)에 의하면 (한자로는 言이 두 번 있는 것처럼), 첫 번째 의미로는 '많은 말'이며, 두 번째는 '헛소리'이다. 그렇다고 해서, 어떤 말을 듣지 않는다는 것은 있을 수 없다고 생각한다. 어쨌든, 하마다 씨의 말에 내가 "너, 몇 학년?"이라고 한 것은 가이드라인에서는 좀처럼 장려하지 않는 실천이다. 기시모토는 자신의 저서 4장에서 영국의 뇌신경학자인 올리버 색스가 섬망환자를 치료하면서 내린 결론을 다음과 같이 정리했다. "이해되지 않는 그들의 섬망에서 사실과 공상이 어떻게 서로 혼재되어 있으며, 변화에 대한 경험이 긴 인생에서 일어난 사건이나 느꼈던 정열을 어떻게 재경험(때로는 환각으로서)하고 있는가를 나는 이해할 수 있게 되었다."

정리하면, 요점은 두 가지이다. 첫째는 '섬망의 이야기는 논리에 맞지 않는 이야기로 취급되어서 관심을 가지고 계속 듣는 것이 어렵게 된다.'는 것이다. 그러므로 사실과 공상이 섞여 있는 상태를 파악하면서 들을 필요가 있다는 것을 시사하고 있다. 이것은 맞

---

2) 이 책 제3장의 주 12는 걸작이다(2019년에 일본 psycho-oncology 학회에서 발표된 '암환자에게 있어서 섬망 가이드라인'에 대해서) "……가이드라인 중에서 '듣기(聞)'라는 것을 검색해도 '난청환자라면 어느 쪽의 귀가 좀 더 잘 들리나요?'라는 것에 대해 언급한 이 한 곳만 제대로 표현되었다. '듣기(聽)'에 대해서는 그 외에도 12개나 있었는데, 청력, 보청기, 환청과 같은 것으로 '이야기를 듣는다'의 의미로 사용되고 있는 것은 전무했다."

는 말이다. 그런데 내가 좀처럼 납득할 수 없는 점은 논리에 맞는 지의 여부가 관심을 유지할 수 있는지를 결정한다는 전제를 인정하면 픽션은 논픽션에 열등한 것이 된다는 사실이다. 이것은 대부분의 의료인이 가지고 있는 담론(섬망은 논리적이지 않다는 담론으로 환자의 이야기를 진지하게 듣지 않는 배경이 되는 것)을 강화하거나 자주 '객관적으로'라는 말을 하는 나쁜 습관을 가질지도 모른다. 여기서 아다치 씨가 들었던 하마다 씨의 소리를 나는 어떻게 들었는지에 대해 언급하고 싶다. 나 같은 경우는 그것에서 '내게는 고향이 있고'가 가장 설득력이 있다고 느꼈다. 하마다와 나 모두 뿌리 없는 잡초[예를 들어, 나카노코오지(브뤼겔으로의 여행)]였다. 그리고 고향에 관해서는 놀랄 정도로 서로 말하지 않았다(나는 그의 고향 근처에서 1년 이상을 지낸 적이 있어서 그의 소년 시절을 상상하는 데 부족함이 없었다는 것을).

섬망 이해의 두 번째 요점은 '인생' '사건' '열정' '재경험' '환각'이라는 5개의 키워드이다. 이것에 기초하여 섬망의 내용을 이해하는 것을 권장한다. 홈런을 맹세한 소년의 한 마디, 그의 한 방이 홈런이 되었는지 여부는 문제가 되지 않는다. 초등학교 1학년이 홈런을 꿈꾸고 있다는 열정이야말로 현실이며, 그가 지금 여기에 있는 것이다. 이것은 다섯 개의 키워드를 모두 포함하고 있으며, 말로 표현하기 어려운 풍요로움을 가지고 있다.

4. 고작해야 섬망, 그렇기는 하지만 섬망:
탈구축을 대신하여

　최근 10년 사이에 종합병원에서의 섬망의 위치는 '고작해야'에서 '그렇기는 하지만'으로 바뀌고 있다. 내가 근무하는 아이치현 암센터에서도 '고령 암환자 지원위원회'가 발족되어 떠밀려서 내가 위원장을 맡게 되는 시대이다. 섬망은 치매가 기반이 되어 증상을 지연시키는 경우가 많기 때문이다.

　그러나 치매와 섬망을 판별하는 시스템을 갖춰서 의료보험 수가를 높여 병원재정에 도움을 주는 것만으로는 보람을 느끼지 못한다. 따라서 우리는, '우라시마 타로우'(역자 주: 거북을 살려 준 덕으로 용궁에 가서 호화롭게 지내다가 돌아와 보니, 많은 세월이 지나 친척이나 지인은 모두 죽고, 모르는 사람들만 있었다는 전설)라는 그림동화를 예시로 활용하여, 치매와 섬망환자들의 이야기를 듣는 방법을 생각해 봤다. 타로우의 말과 행동을 인지장애 환자의 증상으로서 이해하는 것보다는, 치매환자를 우라시마 타로우라고 가정하여, 환자의 이야기를 어떻게 들을 수 있는지를 시도해 본 것이다. 먼저, 타로우의 이야기에는 '사실과 공상이 어떻게 혼재되어 있는가'를 살펴보자. 그것을 아는 것만으로도 전체 이야기의 전개를 상당히 이해할 수 있을 것이다. 적어도 그것은 뒤죽박죽인 이야기는 아니다. 누구나 줄거리를 알고 있지만, 세부적인 것에 드러난 타로우의 주관적 표현에는 감탄을 금하지 않을 수 없다.

"불쌍하게. 거북이를 놔 줘."라고 말하면서, 가지고 있는 돈을 아이들에게 줬다.

기억장애는 새로운 것을 기억하지 못하거나 최근의 기억은 점점 가물거리는데 옛날의 기억은 아직 따끈따끈하게 기억되는 것이 특징이다. 그러나 괴롭히는 아이를 돈으로 길들였던 기억(사실?)이 남아 있는 것은 왜일까? 만약 타로우의 어린 시절이 유복하지 않다는 사실이 드러나면, 그것을 발병하기 전의 성격과 연결하기보다는 그렇게까지 해서 거북이를 구하려고 한 그의 열정과 반사가 청자의 마음을 두드린다.

꿈을 꾸고 있는 것 같다. 멍한 채로 거북이의 등에서 내리자, 마중을 나온 아름다운 하인들이 손을 내밀고 어전으로 안내했다.

환각도 이 예에서처럼 즐거운 것이라면 대환영일텐데…….

멋진 미닫이를 열어젖히자, 거기에는 넓디넓은 전답이 펼쳐져 있다.

용궁에서의 접대라는 환각에는 안을 열면 또 하나의 다른 정경으로 들어가게 된다는 것이 흥미롭다. 즉, 장소를 인식하기 어려운 장애가 갑자기 사라지고 자신의 고향이 눈에 보이는 변화이다.

드디어 눈이 내렸습니다. 그렇지만 먼 산도 눈에 파묻혔다.

그러나 계절이 갑자기 뒤바뀌는 것은 시간에 대한 인식에 장애가 있다고 말할 수밖에 없다.

> 오늘 마을에 돌아가고 싶어졌다. 그렇게 생각하니까 왠지 참을 수가 없었다.

입양아라는 현실은 가난하고 힘든 생활이었음에도 불구하고 타로우는 집에 돌아가기를 간절히 원한다. 감정을 잘 통제하지 못하는 것이다.

> "이것은 타마테바코(역자 주: 우라시마 타로우가 용궁의 선녀에게 받아온 보물상자로, 여는 순간 하얀 연기가 나와서 노인이 된다는 전설)라고 해요. 이것만 있으면 다시 용궁으로 돌아올 수 있어요. 보물이에요. 그래도 결코 안을 열어서는 안 돼요."

고향에 돌아가려고 타로우에게 용녀가 한 말인데, 건강한 사람이라도 이해하기 어려운 지시다. 아마 용궁으로 돌아가고 싶어지면, 마중을 온다는 것을 믿고 상자를 열어 보지 말라는 것을 전하고 있다고 생각한다. 환각 속의 일이라고 해도, 실행기능에 장애가 있다면 자신의 목적과 관련된 상자를 열지 않고 인내하는 것은 쉽지 않을 것이다.

> 집은 그림자도 모양도 없다. 주위를 돌아봐도 본 적이 없는 사람들이 일하고 있다.

타로우의 용모가 바뀌어서 알아보지 못하는 것을 표현하고 있는데, 300년이 지난 후 고향에 되돌아왔다는 SF 만화 줄거리 같은 것이 흥미롭다. 신경이 쓰이는 것은 마을 사람의 대화이다. 마을 사람의 기억에 그는 늙은 어머니를 버리고 자취를 감춘 비정한 외동아들로서 오랫동안 남아 있었기 때문에 어머니에 대한 죄책감을 나타내고 있는 것은 아닐까?

순식간에 다리를 비틀거리면서 머리는 눈처럼 하얀 할아버지의 모습으로 변했다.

그 후 타로우는 한마디도 하지 않는다. 실어증이 되었다. 그리고 망연자실했다.

그러자, 먼 바다의 끝부터 파도가 선녀의 노래를 가지고 왔다. 열면 안 된다고 말했는데. 열면 안 된다고 말했는데. 당신의 귀여운 생명을 그 상자에 간직해 두었는데.

타로우는 없다. 용궁이 그립고 용녀가 보고 싶어도 언제까지나 해변에 계속 앉아 있다.

마지막 장면은 감동적이다. 환청으로 용녀의 노래가 들려온다.

열면 안 된다고 말했는데. 열면 안 된다고 말했는데.
당신의 귀여운 생명을 그 상자에 간직해 두었는데.

이렇게 되면 그저 해변에 앉아 있을 수밖에 없다. 끈도 묶지 못한다. 행동을 실행하는 것이 어렵다.

이야기를 들은 후에는 치매환자의 인지를 간단히 파악하기 위해서 풍경구성법을 제공한다(자신을 노인 주인공으로 상상하는 연습을 통해). 고령자의 가장 큰 특징은 개인 편차가 심하다는 것인데, 그렇기 때문에 고령자 케어는 약자의 돌봄이라고도 말할 수 있다.

제8장

꿈의 활용

1. 히로시마 헌신

히로시마 헌신

왼쪽 넓적다리에 무언가가 부딪힌 느낌이 있다. 걸어가고 있는 도중에 왼쪽 손을 살짝 뒤로 돌려 보았다. 뜨듯미지근하고, 축축한 기운을 머금고 있다. 게다가 심 같은 딱딱한 무언가에 손가락이 닿았다. 확 뒤를 돌아보았더니 커다란 개의 코끝이었다. 얼떨결에 손을 뺐다. 데리고 가는 사람은 작은 체구의 여성이다. 이런저런 행동을 해도 이 녀석은 좀처럼 멈출 생각이 없는 것 같다. 그녀는 사교적인 미소를 띄고 있지 않았다. 개도 물론 그런 얼굴은 아니다. 어떤 종류의 개인지를 물었다. "히로시마 헌신[1]이라고 해요. 토사견의 자손입니다. 투견을 위한 것이에요."

그대로 계속 걸어갔다. 헌신은 쿵쿵거리며 내 엉덩이를 계속 밀어붙이며 따라 왔다. 어느샌가 헌신의 오른쪽 발이 내 왼쪽 다리와 일체가 되었다. 무겁다. 내가 왜 이런 도사견과 2인 3각을 하지 않으면 안 되는 것인지 의문조차 가지지 못한 채로 그 같은 걸음은 지속되었다. 아무런 목적도 없이 헤매는 것만이 목적인 듯한 산책이다. 물론 국내겠지만, 카프카의 산책과도 같

---

1) '히로시마 헌신'의 문자는 꿈속에서 자막처럼 떠올랐다. 영어로 번역하면 'Hiroshima Devotion God'가 된다. 단축형의 헌신은 'Dog God'로 했다. 일본어 발음에서의 겐신은 헌신(獻身)과 견신(犬神)이라는 두 가지를 떠올리게 하여 '헌신하는' 것에 '개'를 포함시켰다.

다. 헌신은 과연 내가 목적지에 도착했을 때, 나를 해방시켜 줄 것인지 불안하다. 그러나 그것은 위협인 동시에 애정인 것 같은 감정이다. 내가 본가 뒷문에 도착하여 열쇠를 돌리자, 헌신은 그제서야 나를 놓아준다.

문을 열자. 거기는 본가의 수십 배는 되어 보이는 듯한 저택이 있다. 이번에는 방이 몇 개 연결된다. 그런가 하면 다시 밖으로 나와 있다. 안에 들어가자마자 속옷을 세탁기에 던져 버렸는데, 갈아입을 게 없다. 나는 누구의 것인지 모른지만 깨끗해 보이는 것을 골라 입었다. 그리고 계속 끝없이 걸어갔다. 몇 번째인지 모르겠지만, 다시 집에 돌아가서 열쇠를 잠글 때, 밖에 젊은 사람이 있었는데, 집안에 볼일이 있는 듯한 눈길을 보낸다. 나는 무책임하게 그를 안으로 넣었다. 또 다른 동행이 있었는데, 둘이서 한국어로 이야기하는 것을 들으면서 눈을 떴다.

그런 것이었다고 이해하고 있다. 꿈을 꾸었던 전날. 나는 한국 국적의 남성으로부터 무릎 보조장치에 대한 푸념을 들었다. 두 가지 암이 동시에 발견되어 무릎 수술을 한 후, 지금은 화학치료를 하고 있다고 한다. 처음부터 호흡이 맞는 환자였다. 그의 푸념은 얼마든지 들을 수 있었고 여동생의 수면제에 대한 상담도 해 줬다. 귀화하지 않았기 때문에 헤어진 아내와의 사이에 재산 분쟁은 없다. 몇 년 전에 한글을 배웠지만, 아직 잘하지 못한다고 말하면서 웃었다. 엔지니어였기 때문에 일본의 수준을 생각한다면 이런 건 있을 수 없다면서 보조기구가 너무나 조잡하다고 투덜댔다.

나는 그의 무릎의 통증을 꿈에서 경험했는가, 아니면 하려고 했던 것인가라고 생각했다. 그러나 거기에 공포가 섞여 있는 것은 왜 그럴까. 그가 어디선가 싹 바뀔 것이라고 생각하고 있는 것인가. 지금까지 걸어 다니는 꿈을 꾼 적이 거의 없다. 그와의 다음 면담에서 이 꿈에 관해 털어놓아 볼까라고도 생각했다. 그러면 그는 어떤 말을 할 것인가. 한편, 치료자의 의식이라면 몰라도 무의식까지 드러내는 것은 무책임한 것이 아닐까라는 소리도 들렸다. 그래도 나의 호기심은 멈출 줄 몰랐다. 그렇다. K 선생에게 물어보자.

앞의 병렬차트는 꿈의 내용을 잊어버리기 전, 2019년 8월 27일 아침, 단숨에 적었던 것이다. 글을 다시 다듬는 퇴고 과정이 되어 있지 않다는 점에서 병렬차트로서 격이 떨어진다. 또한 의료기관에 종사하는 내가 성찰한 것이 아닌, 자신의 무의식의 산물인 꿈을 제시한다는 점도 예외적일 것이다. 그러나 오히려 그 두 가지가 서로 잘 엮여서, 결국 맨 마지막에 적은 대로 K 선생에게 물어보는 계기가 되었다. '물어보다'란 물론 '자문'이 아니며, 어디까지나 '사적 견해'이다. 그렇다고 해도 단순하게 주고받는 이메일은 아니다. 일단 자신의 경험을 문서라는 형식으로 정리했다는 것과 거기에 또 다른 한 사람인 대화자 R도 참여하는 반영의 형태를 가지게 되었다. 이런 대화형식에 의한 발견적 가치의 상호작용이 얼마나 당사자의 인식 변화를 이끌어 가는가를 상상해 보면 좋을 것 같다.

2. K 선생으로부터의 답신

[2019. 8. 27./화요일]

대단한 꿈을 들려주셔서 감사합니다.

처음부터 '뜨뜻미지근하고, 축축한 기운을 머금고 있다. 게다가 심 같은 딱딱한 무언가'라는 뜨뜻미지근함. 축축함. 딱딱함이라는 감각을 풍성하게 경험하고 있어서, 만약 내가 이 꿈을 꾼 사람과 직접 만나서 이야기를 나눈다면,

나도 그런 감각을 느끼면서 듣고 있을 것이라고 생각합니다. 때로는 꿈을 꾼 사람에게 이런 감각을 충분히 느껴 보도록 권할지도 모르겠습니다.

헌신의 오른쪽 발과 자신의 왼쪽 다리가 일체가 되었다는 부분에 강렬한 인상을 받았습니다. 꿈속에서 다른 누군가가 되는 것은 비교적 자주 있는 일이지만, 일부분만 융합하는 경우는 그렇게 많지 않다고 생각합니다. 헌신도, 선생님도 자주성을 지키면서 융합을 하는 셈이니까요. 연금술에서는 남녀가 합체한 헤르마프로디테를 완성화로서 표현하는 경우가 있습니다. 이 꿈에서는 많이 걷고 있는데, 움직임의 방향이 같은 지평으로 생각됩니다. 예를 들어, 서양의 경우에는 하늘과 땅이라는 수직축으로 움직이는 것과 달리, 움직임이 수평축으로 전개되어 일본적 또는 동양적인 느낌(서방정토 등)을 받았습니다. 여기서 개에게 압박당하면서 걷고 있는데 조금은 불안하지만, 그것은 위협인 동시에 애정인 것 같다고 느끼고 계시군요(이 두려움에 대해서는 나중에). 그리고 오래 걸어서 도착한 곳이 본가였는데, 그 본가는 실제의 본가보다 수십 배나 커서 이 세상의 본가보다는 보다 근원적인 본가로 되돌아가신 것이라고 생각합니다.

이 본가에 초대된 것의 의미는 개인적 수준, 관계적 수준(환자와의 관계성)만이 아니라, 집단적 수준에서도(특히 이런 시대이니까) 생각해 보면 의미가 있는 것이 아닐까라고 생각합니다. 이때 자신도 옷을 벗고 청결한 것으로 몸을 단장하고 있다는 것에서 본가에서 생긴 일이라고는 하지만, 왠지 신성한 느낌을 받았습니다.

그리고 '공포가 섞여 있다'는 것을 어떻게 생각할 것인가의 부분인데, 자신의 내면을 들여다봤는데 특별한 공포의 원천을 찾지 못할 때는 그 공포가 환자로부터 전이되었을 가능성에 대해서 생각해 봐도 좋겠지요. 만약 그렇다면 이런 공포를 언어화하여 전달해 버리면, 혹시 그때가 무르익지 않았다면 오히려 억압이 심해질 가능성도 있을지 모르겠습니다.

그렇지만 선생님이라면 괜찮지 않을까요? '치료자의 의식이라면 모르겠지만 무의식까지 드러내는 것은 무책임한 것이 아닌가'라는 점에 대해서 나는 꿈이 무의식이라고만 집착하지 않고, 오히려 '깊은 의식'의 체험으로 인식하고 그것을 받아들이는 방법에 관심을 가지고 있기 때문에 간단히 무책임이라고 말할 수는 없다는 생각을 하게 되었습니다.

– K –

3. 반영에 대한 반영

여러 가지로 생각할 것이 많은 답신이었다. 나는 금방 '결론으로서 이것을 미리 꺼내야 할 것인가 결정하지 않고 그와 면담을 해 가면서 자연스러운 계기가 있다면 언제든지 꺼낼 것'이라는 메일을 보냈다. 스스로 자신을 분석해 보면, 최근 한일관계뿐만 아니라 지금 홍콩에서 일어나는 동향도 겹쳐져 있는 것, 또한 한강의 신작인 『회복하는 인간』에 실린 '파란 돌'에 감동을 받아서, 그녀의 작품을 더 찾아서 읽던 중 (광주민주화 운동을 기반으로 한)『소년이 온다』를 다시 읽고 있는 나를 보면 확실히 나는 아시아적임을 인정한다.

그러자 K 선생으로부터 즉각 자신도 '파란 돌'을 대충 읽었는데, '나무의 그림은 인간이 그릴 수 있는 가장 정적인 자화상'이란 바움테스트(Baum test)의 에세이이며, 꿈속에서의 『파란 돌』도 상당히 인상에 남은 이미지라는 답장이 왔다.

몇 번의 서신을 교환한 후, 나는 『소년이 온다』의 현실이 현재의 홍콩이라고 생각하면 우울해진다는 것을 전하면서, 한강이 주인공의 형에게 집필허가를 요청할 때의 대답을 덧붙였다. 그것은 "허락이요? 물론 허락합니다. 대신 잘 써 주셔야 합니다. 제대로 써야 합니다. 아무도 내 동생을 더 이상 모독할 수 없도록 써 주세요."(한강, 『소년이 온다』)였다.

그러자 K 선생으로부터 또다시 다음과 같은 답신이 왔다. '감사합니다. 꽤 무거운 주제였는데, 내가 학창시절에 봤던 꿈에도 한국의 치마저고리를 입은 여성이 나왔기 때문에 피하고 지나칠 수 있는 주제는 아니라고 생각합니다. 내가 꾼 꿈에서 나는 숲 한가운데 있고 나무 그늘에 숨어 있었습니다. 일본 병사들이 도열하여 무슨 작업을 하고 있었는데, 나무 그늘에서 보니까 손발을 결박당한 여성을 떠내려 보내는 작업으로, 차례차례 보내고 있었습니다. 그 대열의 앞부분은 연못과 맞닿아 있어서 그들은 연못으로 여성을 차례차례 집어넣고 있었습니다. 어느샌가 나는 던져진 여성이 되어 손발이 묶인 채 헝겊으로 입이 틀어 막힌 채로 고통으로 몸부림을 치고 있을 때, 눈을 떴던 꿈이었습니다. 그때 여성들이 치마저고리를 입고 있었습니다. 이 꿈은 의대 3년생인 8월 15일 밤부터 16일 아침에 꾼 것입니다. 의대생은 3학년이 되는 4월부터 7월에 걸쳐서 해부학 실습을 했기 때문에 관련된 꿈을 꽤 많이 꾸었으니까 해부학 실습의 영향이 있었다고 생각할 수도 있습니다. 그러나 꿈을 꾼 날짜(종전기념일)를 보면 그 꿈에 대해서 태평양 전쟁의 일을 생각하지 않을 수 없다고 생각합니다. 이 꿈에 대해서는 지금도 계속 생각하고 있습니다. -K-'

4. R으로부터의 답신

앞의 내용에서 나와 K 선생과의 이메일 교환은 잠시 멈췄다. 그런데 그다음 주, 같은 병렬차트를 보냈던 R에게서 '히로시마 헌신'에 대한 코멘트를 받았다.

[2019. 9. 2./월요일]

당신이 알아차린 것도, 또는 알아차리지 못한 것까지 포함하여 자신의 생각에 연결하는 것이 무척 인상적입니다. 그것은 당신의 문장이 당신을 보다 강력하게 사고의 흐름으로 이끌어 가고 있는 것이겠지요. 물론 환자는 당신의 마음속에서 무엇이 일어나고 있는가를 직접 알아야 하는 것은 아닙니다만, 당신과 당신이 쓴 픽션을 통해 그것을 아는 것이 가능할 겁니다! 당신이 쓰고 있는 것을 이메일 이외의 다른 방법으로 공유할 수 있는 방법이 발견되면 좋겠다고 생각합니다!

– R –

'다른 방법으로 공유'라고 권유받았지만 지금 당장 무엇인가 할 수 있는 것이 없었다. 그래서 지난 주까지 K 선생과 내가 주고받은 메일을 R에게 보냈다. 3일 후에 다음과 같은 메일이 도착했다.

[2019. 9. 4./수요일]

Y와 K가 주고받은 이메일을 대충 읽었습니다. 서로를 잘 알고 있는 듯이 독서경험도 공유하고 있는 것 같군요. 나는 한강의 단편을 읽은 적이 없습

니다.

　그렇게 교환하는 것에서 내가 느낀 것은 당신과 K가 꿈속에서 서로 융합했던 '당신과 헌신의 다리의 움직임'을 재현하고 있는 것은 아닌지 하는 점입니다. 그러니까, 당신들 역시 환자인 한국인 엔지니어와의 접촉경험을 통해서 '함께 걸어가고 있는' 것은 아닌가 하는 것입니다. 다시 나타나고, 또다시 재현하면 이런저런 곳에서 드러나게 됩니다. 이러한 '마음의 연합'이 생산적이고 생성적으로 되기 위해서는 무엇이 필요할까요? 알아차리는 측면만 아니라, 알아차리지 못하는 측면에도, 그 양쪽의 개방성이 필요합니다. 저로서는 '깊은 의식'과 대조적인 것으로서 무의식의 개념은 남겨 두고 싶습니다. 왜냐하면 완전한 의식 아래에서 일어나고 있는 것임에도 불구하고 동요하고 있기 때문입니다.

　그러나 환자의 상황과 의사의 상황이 하나가 되어 버리고 마는 것은 언제나 조심해야 합니다. 내러티브 의학이 해서는 안 되는 것은 거기에서 치료자 자신을 치료하는 것입니다. 우리들은 우리가 알아차리지 못하는 것까지 포함된 모든 자원을 환자를 케어하는 데 사용하지 않으면 안 됩니다만, 서로의 욕구를 혼동해서는 안 됩니다. 그렇기 때문에 서양의학은 임상에 감정이나 개인적 존재를 포함시키는 것을 두려워합니다. 그것은 자칫 자기중심적 사고에 오염되어 버릴 수 있기 때문에 앞으로 나가기 위해서는 (꿈속의 의복을 바꿔 입는 것처럼) 무언가 정화가 필요합니다. 적어도 미국의 정신분석이 지금 수련조차 힘들 정도가 되어 버린 것은 분석가(슈퍼바이저의 승인을 얻은)가 자신의 것을 항상 올바르다고 생각해 버리는 교만함 때문이 아닌가라고 생각합니다.

　픽션이나 세계의 사건이 당신들의 대화 속에 난입해 있는 것에 감명을 받았습니다. 사실, 주인공 의사는 예술/문학 또는 세계 상황에 대한 여러 가지 깨달음을, 환자에 관한 이해 또는 추측에 동원하고 있습니다. 그것은 임상적 접근으로서 어느 정도 '용인될 수' 있는 것일까요? 당신이 보르헤스(Borges)를 읽었다면 그것은 어떻게 되었을까요? 또는 아인 랜드(Ayn Rand)라든가.

안녕히, R

5. R에게의 답신

솔직히 말하면, 호르헤 루이스 보르헤스(Jorge Luis Borges)는 번역본의 문헌으로서 『환상적인 이야기』 중의 단편을 두 개 읽은 정도니까, 당신의 질문에 답하기 위해서는 주말에 사력을 다해 무언가를 읽지 않으면 안 될 것 같습니다. 먼저, 읽으려고 하는 것은 『꿈의 책』인데 괜찮을까요? 그것은 꿈의 기록의 앤솔로지(시화집)인데, 먼저 서문에 마음이 끌렸습니다. "밤의 예술은 낮의 예술의 속에 들어와 섞인다. 침략은 수 세기에 걸쳐서 이어졌다." (Borges, 1976) 이번 이야기에서는 꿈이 임상에 들어와 뒤섞인 셈이니까요. 백 편 이상의 단편 속에서, 예를 들어 '콜리지의 꿈'은 보르헤스가 직접 선택한 것인데, 쿠빌라이의 꿈이 실현화된 궁전의 시를 콜리지가 꿈에서만 보고 기억을 더듬어 써서 남겼습니다. 이것에 대해 보르헤스는 '황제의 혼이 궁전의 붕괴 후에 콜리지의 혼 속으로 스며들어 그에게 대리석이나 금속보다도 단단함이 있는 단어로 궁전을 재건하도록 했다.'는 추론을 하고 있습니다. 만약 이런 자유로 상당히 초월적인 발상을 전수받고 있다면, 내가 본 꿈은 K 선생이 30년도 훨씬 이전에 꾼 꿈과 닮은꼴이며, 나의 즉흥적인 생각으로 K 선생과 이것을 나누는 것에서 K 선생도 오래전의 꿈을 드러내게 되었다는 것,

그리고 그런 과정이 두 사람의 친밀감을 늘리고, 대화의 리얼리티를 높였다는 것은 고무적인지도 모르겠습니다. 아쉽게도 아인 랜드는 금방 읽을 여유는 없을 것 같습니다(『움츠린 아틀라스』는 1270쪽이나 된다!}

이것은 임상적 접근으로서 어느 정도 '허용될 수 있는가'를 생각하기에 앞서서, 이것을 어떤 접근으로 생각할 수 있을지를 명확히해야 하겠지요. 단적으로 말하면, 이것은 이 병렬차트의 마지막에 있는 것처럼 어떤 구조를 가지고 있지 않은 즉흥적 자문이라고 생각하는 것이 좋을 것이라고 생각합니다. 그렇게 본다면, 용인해야 하는 것은 '즉흥성'(Nachmanovitch, 1990)이 되는 것이겠지요. ……(후략)…… 긴 글로 죄송합니다.

— Y —

전적으로 나의 개인적인 편지였던 이 서신에 대해 이 책의 목적을 이해해 공개하는 것에 동의해 주신 기시모토 히로시 선생님(스즈오카현 종합병원)과 리타 샤론 교수(컬럼비아 대학교)에게 마음으로부터 감사를 전한다.

제9장

마치 ~인 듯
사례회의

1. 마치 ~인 듯 사례회의의 단계

내과의사인 M 씨로부터 강의 의뢰를 받았다. 연말 연구모임에서 내러티브 의학에 대해서 이야기를 해 줬으면 좋겠다는 것이다. 그녀는 지방에서 완화의료 연구모임의 간사를 맡고 있었는데, 의뢰편지에는 '병동의 간호사들만 아니라, 간병을 담당하고 있는 분들이나 가족들을 포함한 콘퍼런스를 하려고 합니다. 그래서 우리 모두가 공유해야 하는 것은 의학적 정보보다는, 환자들에 관한 이야기가 되었으면 좋겠다고 생각합니다. 환자에 관여하는 한 명 한 명이 얼마나 섬세하게 환자의 이야기를 듣고 있는가, 그것을 어떻게 잘다른 스태프에게 전달할 수 있는가가 환자에 대한 케어의 질을 좌우한다고 생각합니다. 사실, 간병인들 중에는 의료진보다 높은 수준으로 환자의 이야기를 읽어 내고 있지만, 의료진에게 그것을 전달하는 것을 주저하고 있다는 느낌도 가지고 있습니다.'라고 썼다. 올바른 내러티브 의학을 추구하고 있었던 것이다. 연구모임이 거의 임박한 시점이었지만, 나는 M 씨에게 병렬차트를 써서 그것을 연구모임에서 낭독하면 어떨까라는 제안을 했다. 그리고 모임 전날에는 참가자들도 '마치 ~인 듯 사례회의'의 형식으로 발언을 하는 것에 동의를 했다.

'마치 ~인 듯 사례회의'는 할린 앤더슨(Harlene Anderson)이 "자신의 철학적 자세에 따라, 그리고 다른 사람과의 대화를 촉진하는 공간을 만드는 목적으로 고안한"(Anderson, 1997) 것으로, 슈퍼비전이나 교육, 또는 사업 자문에서 드러나는 딜레마, 걱정, 문제, 갈등이나 논쟁에 대해서 참가자들이 서로 이야기하면서 돕는 것이다. 일본의 경우에는 주로 내러티브 치료 연구모임에서 실시되고 있다. 반영팀(Andersen, 1987)의 형식에 사례회의를 포함시킨 이미지를 가지면 좋을 것이다. 사례 제시자가 자문을 받을 내용을 설명하는데, 참가자들은 그 내용에 등장하는 각각의 인물 중 한 명의 입장에서 내용을 경청한다. 참가자들은 자신이 정한 인물의 입장에서 반영을 한다. 이어서 사례 제시자는 참가자들의 반영에 대한 반영을 한다. 마지막에는 이런 구조 자체를 탈구축하는 4개의 단계로 진행된다. 이것의 실천은 다성성, 투명성, 평등성 등을 몸에 익히는 연습이기도 하다. 60분으로 구성된 사례회의의 흐름은 다음과 같다.

마치 ~인 듯 사례회의 (60분짜리)

1단계: 사례의 제시와 경청(5분 정도 전체 오리엔테이션을 한 후, 25분 정도로)

(1) 제시자는 사례의 등장인물들을 사회자에게 소개한다(이때 본인을 포함한다).

(2) 그 밖의 참가자들은 마치 ~인 듯에 등장하는 인물 중 누군가가 되어(대부분 같은 역할을 한 사람끼리 모여서) 제시자가 제공하는 이야기를 듣는다. 이때는 마음에 남는 의문이나 코멘트, 시사점 등을 언급하지 않는다.

(3) 제시자는 등장인물이 여기에서 자신이 쓴 이야기를 듣고 있

다는 상상을 하면서 다음의 질문에 답을 한다. ① 왜 당신은 이 상황을 선택한 것인가(그것이 흔한 일인지의 여부, 특별한 임상적인 딜레마인가, 치료가 잘 진행되지 않아서인가), ② 당신은 무엇을 기대하고 있는가(희망, 과제 또는 목표), 참가자들이 언급해 주기 바라는 구체적인 질문은 있는가, ③ 우리가 알아야 할 또 다른 것이 있는가이다.

2단계: 반영(15분)

참가자는 듣는 과정에서 같은 등장인물의 입장에서 들었던 집단원들과 함께 자신의 생각이나 이야기를 통한 경험을 서로 나눈다. 예를 들어, ① 이야기 중에서 가장 마음이 이끌렸던 것은 무엇인가(구체적인 언어, 대사, 기분이나 분위기 등), ② 어떤 이미지가 떠올랐는가(이것은 제시자의 목적, 가치관, 신념, 희망, 포부, 꿈 그리고 헌신을 나타내고 있다고 생각하는가), ③ 개인적 공명(당신은 왜 그 같은 표현에 끌렸나), ④ 이 발표로 지금까지 경험한 적이 없던 어떤 것을 경험했는가 등에 대해 각 역할의 대표자가 순차적으로 발표한다. 사회자는 발표내용을 화이트보드에 정리한다.

3단계: 반영에 대한 반영(10분)

제시자는 2단계의 정리된 내용에서 자신에게 호기심을 느끼게 했던 소리에 대해 사회자와 공유한다.

4단계: 탈구축(5분)

참가자 전원은 사례회의의 과정을 어떻게 경험했는지를 서로 공유한다.

　당일, 전반의 강연을 무사히 마친 후, M 씨는 곧바로 병력차트를 낭독했다. 모임장소는 계단식 교실이었는데 그녀는 맨 앞자리에 앉아 있었기 때문에 곧바로 '마치 ～인 듯 사례회의'의 형식대로 진행되었다. 우선, 읽게 될 사례의 등장인물을 소개했다. 완화의료 병동의 젊은 여성 환자, 전 약혼자, 양쪽의 부모, 병동의 스텝 그리고 주치의인 그녀를 포함하여 8명이다. 이때 참가자들은 병력차트를 듣기 전에, 누구의 역할을 할 것인가를 먼저 결정한다. 이번에는 장소문제로 각각의 역할에 따른 집단은 만들지 않았다. 단지 원칙은 각각의 자리에서 '마치 ～인 듯', 그 사람이 된 것처럼 그녀의 병력차트의 낭독을 조용히 듣는 것이다.

＊＊＊

호스피스의 결혼식

　그녀와 만난 것은 내가 아직 완화의료 병동에서 근무하고 있던 때였습니다. 말기 암을 가지고 있는 20대 여성으로 DIC(종양성 혈관내 응고증후군)을 앓고 있어서 얼마 살지 못할 것 같다는 판단으로 근처의 병원에서 구급차로 이송되어 왔습니다.

　고열과 통증 그리고 자궁 출혈로 구급차에서 내리는 그녀를 본 순간, 그녀에게는 정말 남은 시간이 많지 않다고 느꼈습니다. 그런데 수혈을 하고 모르핀으로 통증을 통제하고 스테로이드로 열을 내리자, 생각보다 좋은 상태가 되었습니다. 그러자 부모가 '딸의 결혼식을 올리고 싶다.'는 이야기를 꺼냈습니다.

그녀는 1년 전에 약혼을 했습니다. 예식장도 정하고 드레스도 예약했을 때 암이라는 것을 알았습니다. 진단 당시부터 더 이상 치료는 어려운 상태였지만 부모는 그것을 본인에게 전달하지 않은 채, 항암치료가 시작되었습니다. 그러나 상태는 점점 악화되어 얼마 가지 않아서 항암제도 중단되었습니다. 약혼자 부모는 그녀의 부모에게 파혼을 통보했고 약혼자도 더 이상 면회를 오지 않게 되었습니다. 부모는 그것을 당사자인 그녀에게 전하지 못했습니다. 우리 병원으로 전원하기로 결정한 것은 '마지막을 고향에서'라는 생각이 컸지만, 그녀가 약혼자가 면회를 오지 않는 것을 이상하게 여기지 않도록 하고 싶다는 부모의 배려도 묻어 있었습니다. 조금 회복하자, 부모는 그동안 결혼식을 목표로 노력해 온 딸에게 드레스를 입히고 싶다고 생각했던 것입니다.

이런 이야기가 오간 지 열흘이 지난 일요일에 결혼식을 거행하기로 했습니다. 그 전까지 약혼자가 찾아 오지 않는다고 투정을 부리던 그녀는 결혼식 이야기를 들은 날부터 약혼자에 대해서는 한마디도 하지 않았습니다. 그녀의 부모는 약혼자에게 편지를 썼고, 그는 자신의 부모에게는 비밀로 한 채, 턱시도를 입고 나타났습니다. 그녀는 그런 그를 보자, "고맙다."라는 단 한마디만 했습니다. 그동안 면회를 오지 않은 것을 탓하지도 않았습니다. 출혈로 드레스에 피가 묻지 않도록 여러 장의 패드를 붙였고 가봉할 당시보다는 몸이 너무 야위어서 몇 장의 수건을 감싸야만 입을 수 있었던 드레스를 입은 그녀는 약혼자 옆에 서서, 병동에서 즉석으로 마련한 웨딩로드를 걸어갔습니다. 그녀는 친척이나 친구들 앞에서 황홀한 듯한 미소를 지었고 정말 아름다웠습니다. 대량의 출혈을 할 경우를 대비하여, 식을 진행하는 중간에 휴게실로 이동하도록 했습니다. 휴게실에 쓰러질 듯이 들어와서는 조금 전까지 웃음 가득했던 그녀의 얼굴은 고통으로 일그러지고 토하기 시작했습니다. 고통을 덜기 위한 주사와 좌약을 투약하고, 출혈로 더러워진 패드를 갈면서 "이제 그만하는 게 좋을 것 같아요."라고 말을 걸었지만, 그녀는 아무 말도 하지 않은 채 머리만 옆으로 저었습니다. 그리고 다시 모든 사람 앞에 등장한 그녀는 거짓말처럼 활짝 웃는 얼굴이었습니다. 케이크 커팅을 할 때는 약혼자의 입에 케이크를 넣어 주고, 그에게 자신도 먹여 달라고 부탁하면서 "맛있어요."라면서 웃는 얼굴로 모두를 바라봤습니다.

그녀는 이틀 후 사망했습니다. 장례식을 마친 후, 부모님이 인사를 오셨습니다. "딸에게 가짜 결혼식이라도 올려 줄 수 있어서 정말 행복했어요."라고 말했습니다. 결혼식을 결정한 후 그녀가 무엇을 생각하고, 무엇을 체념하고, 무엇을 결단했는지……. 그녀가 하려고 했던 것에 조금이라도 도움이 될 수 있어서 저도 무척 행복했습니다.

2. 마치 ∼인 듯 사례회의 2단계

회장은 물을 끼얹은 듯이 조용해졌다. 나는 '마치 ∼인 듯'의 두 번째 단계로서, 여성 환자, 전 약혼자, 양쪽의 부모, 병동의 스태프 그리고 주치의에게 각각의 입장마다 순서대로 코멘트를 부탁했다. 손을 들어 자유롭게 참가하도록 했다. 병렬차트는 읽은 M 씨만 가지고 있었고, 참가자에게는 배부되지 않았다. M 씨는 각 역할의 반영에 대해 열심히 귀를 기울였다.

3. 마치 ~인 듯 사례회의 3단계

세 번째 단계로서, 나는 M 씨에게 등장인물로부터의 소리에 대한 코멘트를 부탁했다.

여성 환자의 반영으로는 죽음을 각오한 상황에서 부모에 대한 감사의 말을 하지 않을까라고 예상했습니다. 그러나 실제로는 많은 분이 언급한 것은 '분하다'는 것이었습니다. 그것을 들으면서, 나는 그 당시 '누구를 위한 결혼식인가?'라고 생각했던 것이 떠올랐습니다. 처음 부모로부터 결혼식 이야기를 들을 때, 제게 가장 먼저 든 생각은 '누구를 위한 결혼식인가?'라는 것이었습니다.

M 씨는 지금까지 왜 이것을 잊고 있었던 것인지, 그리고 지금 왜 갑자기 생각나는지 몰라서 이상한 기분이 든다고 말했다.

환자는 결혼식의 이야기가 나오기 전까지는, 약혼자가 면회를 오지 않는다고 화를 내거나 가족들에게 물건을 던지기도 했습니다. 그런데 결혼식의 이야기를 들은 후, 그에 대해서는 한마디도 하지 않으면서 갑자기 어른이 된 느낌이었습니다. 지금 생각해 보면, '잔인한 일을 했다. 무리하게 어른의 행세를 하도록 시켰다. 아이인 채로, 천진난만한 채로 세상을 떠나게 했다면 좋았을 걸, 내 입장에서 그녀를 지키기 위해 결혼식을 하지 않도록 할 수도 있었는데……' 이런 생각을 했습니다.

그녀는 '누군가에게 도움이 되는 것'을 죽음 직전까지 소중하게 여기지 않았을까라고 생각해 왔습니다. 연구모임을 앞두고 고모리 선생님에게서 병렬차트의 이야기를 들었을 때, 여러 사례 중에 그녀를 선택한 것은 '아름다운 이야기'라고 생각했었기 때문이었습니다. 그런데 실제로 써 보니까, 마무리 단어를 어떻게 써야 할지 몰랐습니다. '대단한'이나 '존경하는' 등 그 어느 것도 잘 와닿지 않았습니다. 그래서 결국 '나는 무척 행복했습니다.'라고 마무리를 했지만, 스스로는 '이거 왠지 아닌데'라는 찜찜함이 있었습니다. 여러분들의 반영을 들으면서, 나는 '누구를 위한 결혼식인가?'라는 감정을 떠올리면서 그 이유를 알게 되었습니다. 나는 내가 했던 것이 좋은 일이라고 생각하는 한편, 힘든 기억을 하게 한 나 자신에게 대해 화가 나 있었습니다. 결혼식에서 모두에게 환한 미소를 보이는 그녀에게 '힘내요.'라고 생각하면서도 동시에, '이제 그만해.'라고 생각했었습니다. 마음 어딘가에 '단순히 아름다운 이야기는 아니다.'라는 생각을 하고 있었기 때문인지도 모르겠습니다.

4. 마치 ~인 듯 사례회의 4단계

네 번째 단계는 참가자 전원이 역할에서 벗어나 사례회의 과정을 어떻게 경험했는가를 공유하는 단계이다. 나의 코멘트는 다음과 같다. "'누구를 위한 결혼식인가?'라는 생각을 다시 떠올리는 데까지 진행된 것은 정말 귀중한 것이라고 생각합니다. 저도 왜 이 병렬차트가 눈물바다를 만드는 이야기에 머물지 않는지에 대한 의문이 풀려서 무척 기뻤습니다. 참가자 여러분에게도 이런 이야기가 등장인물의 입장에서, 그것이 이처럼 여러 소리라는 것을 인식한 이상, 앞으로 아름다운 이야기나 대단한 이야기를 듣게 되어도 그

대로 듣고 흘리는 것이 아니라 세심한 곳에 도달할 가능성을 끌어
낼 수 있지 아닐까라고 생각합니다."

5. 계속적인 반영

그 후 M 씨에게는 무슨 일이 일어났는가?

나는 사례회의가 끝낸 후에도 여러 날 동안 병렬차트에 썼던 결혼식에
대한 생각에서 벗어나지 못했다. 사실, 그 결혼식은 10년도 전의 사건이었
다. 그러나 이번의 병렬차트를 작성할 때, 당시의 의료기록 등을 전혀 찾아
보지 않고 단숨에 썼다. 마치 어제의 일처럼 장면이 계속해서 떠올라서 마무
리 말 이외에는 별 어려움 없이 작성했다. '아름다운 이야기'로서 잊히지 않
는 환자이며, 잊히지 않는 사건이었다. 그런데 이번 모임에서 반영을 들으면
서 보다 강렬하게 떠올랐다. 떠올랐기보다는 그때, 그 장소로 되돌아간 느낌
이었다. 되돌아간 나는 주치의로서의 자신에게 벗어나 전체를 폭넓게 둘러
볼 수 있었다. 마치 극을 보는 것처럼, 그 시절의 나를 포함하여 전체를 보는
것이 가능했다. '마치 ∼인 듯'의 등장인물 리스트 중에 주치의였던 나의 역
할을 선택하여 실제로 그 역할을 했던 사람도 있었다. 그 순간 나는 '주치의
인 나'의 위치를 벗어날 수 있었다고 생각한다. 그렇게 보면, 극은 새롭게 다
시 만들 수 있는 것이 아닐까. 그때를 확인함과 동시에 잊고 있었던 장면을
그대로 보여 준 극이었다. 잊어버렸다라고 말하는 것보다 기억을 떠올릴 때,
선택하지 않았던 장면들이라는 표현이 좀 더 정확하다 나는 격후식을 올리
기로 결정한 다음, 혼자서 창문을 물끄러미 바라보던 그녀를 분명히 보았다.

그리고 결혼식이 끝난 후, 아무도 말을 걸어 주지 않아서 혼자서 엘리베이터로 뛰어들어 가던 약혼자를 먼발치에서 보았다. 나는 이 환자의 이야기를 '부모가 딸에게 선물한 결혼식으로 보이지만, 사실은 그녀가 부모에게 준 선물이었다.'라는 아름다운 이야기로서 기억에 남기려고 했는지도 모른다. 편집과정에서 누락시킨 것들을 이번 '마치 ~인 듯'에서는 생각하지 못했다. 그때보다 보다 깊게 그녀의 기분을 생각했다. '결혼식이 결정된 후 그녀가 얼마나 고독했는지'라는 것을 말이다. 그리고 그 당시 그다지 중요한 등장인물이라고 생각하지 않았던 약혼자의 감정도 생각할 수 있었다. '그 결혼식과 그녀의 죽음으로 그 후의 그의 인생은 어떻게 되었을까?'라는 것이다. 그녀와 그를 생각하고 울었고, 그 후 그의 행복도 기원했다. 그때 만약 그런 것들을 알아차릴 수 있었다면, 그녀를 쓸쓸하게 하지 않았을 것이며, 결혼식이 끝난 후 약혼자에게 한 마디 말도 건네지 않은 채 그대로 돌아가게 만들지는 않았을 것이라고도 생각했다. 그때의 그녀와 그에게 하지 못한 것을 앞으로 만나게 되는 누군가에게 하겠다고 생각했다.

그녀의 전원 가능성을 타진한 다음, '완화치료 병동으로 전원했다는 사실을 알리지 않으면 좋겠다.'는 가족의 희망사항이 있었다. 이미 그 당시의 단계는 그녀가 주위 상황을 파악할 수 있는 의식 수준이 아니었고, 입원한 후에도 병실 밖을 나갈 수 있을 것이라는 생각을 할 수 없었다. 사실, 구급차로 도착했을 때, 그녀는 섬망상태여서 병원 침대차로 어딘가에 옮겨져도 알지 못하는 듯한 상태였다. 그 후 조금 회복된 후에도, 병실을 나가는 일은 거의 없었기 때문에 그녀는 자신이 있는 장소가 완화치료 병동이라는 것을 알 수 없었을 것이다. 그렇게까지 그녀에게 죽음이 임박했다는 사실을 알아차리지 못하도록 하면서, 그 시점에, 그 장소에서 결혼식을 함으로써 그녀에게 '병이 나아서 진짜 결혼식을 하는 날은 오지 않는다.' '남겨진 삶은 짧다.'라는 것을 전했다고 생각한다. 그래서 '누구를 위한 결혼식인가?'라고 생각했다. 진실을 전하는 것에 의해 은폐되어 있던 진실을 스스로 알게 된 것이 그녀에게 더 큰 상처를 주었다고 생각했다. 단지 자신들보다 딸이 먼저 죽게 되었다는 아픈 경험을 극복하려는 부모에게는 이런 '결혼식을 올리는' 경험이 필요했다고 생각했다. 나는 주치의로서 무엇을 택해야 하는지에 대한 선택에 내몰리면서, 앞으로의 날들을 살아가지 않으면 안 되는 부모의 감정을 우선시했다. 그녀에 대한 죄의식과 같은 것이 '누구를 위한 결혼식인가?'라는 내가 처음 느낀 감정을 봉인시키고 말았던 것은 아닌가? 이번의 '마치 ~인 듯'의 반영에서 주치의로서 나의 역할을 한 사람들은 '누구를 위한 결혼식인가?'라는 것은 말하지 않았다. 나 스스로가 주치의로서 나의 역할을 벗어날 수 있었기 때문에 이 같은 발언을 자유롭게 할 수 있었고, 봉인되었던 생각을 표현할 수 있었다고 생각한다.

이번 사례회의를 통해서 내 속의 오래된 이야기가 많은 사람들에게 공유되었는데, 모든 등장인물에 스포트라이트를 비치는 형태로 재현되었다. 말하는 나 자신 이외에는 실제 등장하는 인물에 대해 잘 알지 못하는 이야기였는데, 참가자의 말을 빌려서 등장인물들은 열변을 토했고 나 역시 자신의 입장에서 벗어나 자신의 생각을 자유롭게 발언하는 것이 가능했다는 것에 충격을 받았다. 이전에도 사례회의에서 자신이 경험한 사례를 발표하여 많은 사람으로부터 의견을 들었던 일이 있다. 그때 나온 것은 제삼자로서 비판이나 칭찬으로 왠지 사례를 발표한 측과 온도차가 있었다. 언제나 '그렇다고 해도…….'라는 반론을 하고 싶은 마음이 있었다. 이번의 '마치 ~인 듯'에서는 참가자들이 '자신의 이야기'로서 병렬차트를 듣게 되었는데, 그 때문인지 모르겠지만 언급하는 말에 온도차를 느낄 수 없었고 말하는 그대로 받아들였다. 반대로, 사례의 당사자인 나 자신은 내 역할을 내려놓을 수 있어서 '자신 이외의 이야기'의 관점에서 전체를 바라볼 수 있었고, 그로 인해 자신의 생각을 자유롭게 말할 수 있었다. 발표자의 온도는 조금 내려가고 참가자의 온도는 조금 높임으로써 서로의 거리감은 좁혀지고 깊이 있는 사례회의가 될 수 있었다는 느낌이다.

이번에는 과거의 사례였지만, 앞으로 만나게 될 환자에 대해서 자신의 시각에서 벗어나 환자나 관계자 각각의 입장에서 보는 것을 알려 준 귀중한 경험이었다.

6. 외부인증자

경험의 가까움을 근거지로서 진지하게 임상을 계속해 온 사람의 언어가 여기에 있다. 나는 병렬차트를 '마치 ~인 듯'으로 여기는 시도를 해 보고 있다는 것과 함께 그녀가 보내 준 원고의 고찰부분을 번역하여 리타 샤론에게 메일을 보냈다. 그녀로부터 다음의 코멘트가 왔다.

생명을 불어넣은 것처럼 무언가를 썼다는 점에서 이 고찰은 대단하다. 그녀는 사실과 픽션이 공존하는 변용상태를 묘사하여, 자신이 비전, 시간, 장소 그리고 사실에 관한 최고의 사령관이라는 점을 인식하고 있다. 나는 그녀가 언급하고 있는 이야기 전체를 알고 있는 것은 아니지만, 이야기가 어떤 것인지에 관해서는 상상할 수 있다. 글을 쓰는 사람은 이야기의 몇 개 측면을 구성하는 자유에 상당히 감동하고 있는 듯한데, 상상하는 작업은 그녀 속의 깊은 감정을 풀어서 펼치고 또한 그녀가 누구인지 그리고 환자는 누구인지를 명확히 하는 비전을 제공한다. 내게는 그런 식으로 와닿았다.

(개인적인 서신, 2019. 7. 17.)

이것은 나에게 귀중한 경험이 되었다. 병렬차트를 '마치 ~인 듯'으로 여는 것은 그동안 누구도 시도하지 않았는데, 그것에 과감히 도전하게 해 준 M 씨의 용기에 감사하며, 또한 거기에 보여 준 신뢰에 다시 한번 감사하고 있다.

『이야기 심리치료 방법론(Narrative Means to Therapeutic Ends)』(White & Epston, 1990)을 읽은 지 거의 30여 년 지났으며, 워크숍에서 '마치 ~인 듯' 사례회의를 한 지도 20년, 그리고 완화치료 팀에서 자문을 '내러티브적으로'하고 싶다고 생각한 지도 벌써 10년이 지났다. 그런데 이 사례를 만나기 전까지 내러티브 자문이라는 개념을 현실적으로 느낀 적은 없었다.

제10장

워크숍 1: 첫 번째 자문

1. 첫 번째 자문: 워크숍 당일

2. 내러티브 자문, 그 후: 1년 후의 반영

1. 첫 번째 자문: 워크숍 당일

각자가 맡은 일들이 여러 가지로 겹쳐지면서 내러티브 자문이라는 스타일을 제안하기 시작한 것은 아마도 2019년경이었다. 그 해 5월 아다치 씨와 둘이서 '내러티브 자문-사례를 내러티브로 만드는 것'의 워크숍을 기획하면서 이것은 구체적인 형태를 가지게 되었다.

워크숍의 전반부는 먼저 내러티브 자문의 전제가 되고 있는 내러티브 의학의 관점이나 실천에 대해서 강의를 한다. 그리고 이어서 이 같은 자문에서 글쓰기 작업을 중시하게 된 계기의 하나가 되었던, 그전 해 실시한 '서포터즈 라이팅 프로젝트'[1]의 활동을 소개하면서 '글쓰기 작업과 반영 과정'이 합쳐진 형태로서 자리매김하게 된 경위를 소개했다. 또한 이번 내러티브 자문은 반영프로젝트

---

1) '서포터즈 라이팅 프로젝트'는 2018년에 만들어진 다른 사람을 케어하는 직종의 훈련을 위한 창조적 글쓰기의 활동이다. 참가자는 매 회기마다 1200자 정도의 문장을 작성하여 가지고 온 뒤, 그것을 낭독하면서 공유하여 서로가 질문이나 대답을 쌓아 가는 것을 반복한다. 12명의 참가자들이 다음에 제시한 주제에 따라서 4회 실시하였다.
① 오늘 만난 환자/내담자를 묘사해 주세요.
② 사진에서 이야기를 ……'시각적 텍스트'를 읽고/글쓰기 작업
③ 이야기에서 이야기를 ……야마자키 나오코라의 '아름다운 거리'를 활용한 글쓰기 작업
④ 당신의 인생, 그이 이야기
실천의 자세한 부분은 '서포터즈 라이팅 프로젝트-자문화기술지가 개척한 임상 공간'(가족치료연구 제36권 1호, 2019)에 보고하고 있다.

로서 '마치 ~인 듯 사례회의'의 방법을 채택한다는 것도 함께 부연 설명했다.

당일 자문의 사례를 병렬차트 형태로 작성하여, 가지고 왔던 사람은 히라구리 도미코 씨와 오오스키 마키 씨였다.

***

당신의 육체와

히라구리 도미코

당신의 주변에는 많은 사람이 있다. 그것은 당신이 지금까지 살아오면서 쌓아 온 관계의 증거이다.

당신이 다른 사람에게 열심히 말을 걸려는 자세는 그룹의 리더 역할을 하고 있는 사람들에게는 '누구의 일도 가리지 않고 잘 도와주는' 사람으로 인식되어 있다. 회사에서도 직장의 첫 상사는 '그 사람은 사람들이 좋아하는 타입'이라고 표현하였고, 후임 상사 역시 사람들을 배려하는 당신의 모습을 보면서, '심약한 부분은 있지만, 잠재적인 능력을 갖추고 있기 때문에 크게 될지도 모른다.'고 말하면서 당신의 장래에 기대를 걸었다. 이전 직장의 상사들 역시 당신이 가지고 있는 힘을 발휘했으면 하는 기대를 가지고 옮긴 직장까지 찾아 주었고, 현재의 직장 상사도 당신을 높이 평가해 주었다. 상사나 동료들과 대화를 하면서 잘 지내고 있는 지금도 당신은 여전히 이전부터 알고 있던 사람들 속에 있는 것 같다. 동기의 친구들과 여행이나 친목모임 등 여러 가지 교류를 하고 있는 모양이다.

대학원의 지도교수, 연구실의 동료와도 만나고 때로는 아르바이트를 하면서 알게 된 사람과 지금도 만나고 있다. 조금 더 거슬러 올라가면, 중·고

등학교 시절의 동아리 선생님이나 동아리 친구들, 그 밖의 친구에게도 연결되어 있을 것이다.

첫 연결은 당신이 태어난 가족으로부터 시작되고 있다. 돌아가신 할아버지가 공부를 가르쳐 주었던 것은 요리에 흥미를 가지게 되는 계기의 하나가 되었다. 일을 하시던 부모가 귀가할 때까지 당신을 돌봐 주면서 인자한 사랑을 베풀었던 할머니는 당신이 다시 고향으로 돌아오는 데 큰 계기가 되었다. 같은 부모 밑에서 자란 여동생과는 여러 가지 좋은 일이나 즐거운 것을 함께 공유해 왔을 것이다. 집을 나가 버린 아버지는 나중에 당신을 걱정하여 먼 곳까지 자동차로 마중을 오거나 같이 여행을 가자고 권유하기도 한다. 자녀를 가르치려고만 하면서 언제나 좋은 성적을 강요하고 항상 감정적이 되어 당신을 구속해 왔던 어머니에 대해서는 왜 나를 낳았는지 원망하면서도 참고, 오히려 불쌍하다고 여기는 마음까지 들 때가 있어서 어머니와도 연결을 끊지 않고 있다.

당신을 죽음으로 몰아갈 정도로 고통을 준 것은 교제하던 여성들과의 연결이 영속적인 것이 아니었기 때문이었다. 그녀들은 당신과의 연결에 의미를 발견하여 당신을 필요로 했기 때문에 함께 있었는데, 지금은 떠나 버리고 말았다. 당신에게는 여전히 '내가 필요했다면 왜 떠났을까?'라는 의문을 가지고 있다.

당신은 "사랑한 사람에게조차 필요 없는 존재니까 나는 살 가치가 없어요." "내가 죽어도 아무도 슬퍼하지 않아요."라고 말했다. 그러나 실제로는 당신이 영원히 사라져 버린다면, 지금까지 연결된 많은 사람이 슬퍼하면서 살아 있는 동안에 좀 더 많은 이야기를 하거나 함께 웃지 못했다는 사실에 비통한 마음을 가지게 될 것이다. 그리고 당신과 또다시 만나기를 바랄 것이다. 당신은 그것을 믿지 않지만, 당신이 살아오는 동안 사람들과의 연결에 의미를 찾아내고, "죽어서 헤어지는 것보다 살아 있는 동안 헤어져 있는 것이 힘들다."라고 말한다면, 당신과 함께 살아온 주변의 사람들에게도 당신이 살아 있는 것은 중요한 것이다.

M에게

오오스키 마키

정신을 차리고 보니 무수히 많이 휘날리고 있는 벚꽃 잎 속에서 당신의 모습을 필사적으로 찾고 있습니다.

당신의 죽음을 알게 된 지 1년. 이때 처음으로 당신을 그리워하면서 눈물을 흘렸습니다.

그때부터 욕조에서도, 전차에서도, 어디든지 상관하지 않고 눈물이 쏟아졌습니다.

그리고 어느 날, 눈을 감은 내 앞에, 돌연 당신은 처음 봤던 온화하게 웃는 얼굴로 나타나 주었습니다.

마지막으로 만난 것은 5년이 훨씬 넘었는데, 여전히 선명하게 기억합니다.

그것은 울부짖던 그때의 당신 모습이 아니고.

5년 전, 나와 동갑이었던 당신은 멈출 줄 모르는 술로 고통을 받고 있었습니다.

안 된다는 것을 알고 있으면서도, 시설 근처의 편의점 뒤편에서 몰래 캔 소주를 마시고 있었지요.

당신 스스로가 결정한 입원까지 고작 이틀을 앞두고.

"왜 이렇게 하늘이 파란 거야!"라고 화를 내거나, "하나님은 절대 없어!"라고 울부짖거나, "도와줘요."라면서 눈물을 흘리기까지 당신은 정말 여러 가지를 하면서 바빴지요.

그래도 이런 상황에서 어떻게 해서라도 벗어나고 싶다는 기대를 가지고 있던 당신은 무엇보다 먼저 술을 끊을 필요가 있었습니다.

　그래서 나와 담당자인 사회복지사 T는 어떻게든 입원할 수 있도록 당신을 돌봤습니다.

　그런데 모든 것이 한순간에 물거품이 되어버렸습니다.

　다른 담당자의 배려 없는 도발에 당신은 폭발해 버려서, 결국 경찰에 끌려갔습니다.

　떠나기 직전에, 내게 안겨서 울먹거리던 당신에게 "사람은 몇 번이고 다시 바뀌니까요. 당신이라면 할 수 있어요."라고 건네던 말이 우리의 마지막 대화가 되었습니다.

　나는 그날 패배라는 것이 어떤 것인가를 알게 되었습니다.

　그러고 나서 나도 T도 시설을 떠나 뿔뿔이 흩어졌습니다.

　작년 3월, T가 당신의 죽음을 알려 주기 위해서 연락을 하면서 그동안 당신이 어떻게 살아왔는지에 대해서도 전해 들을 수 있었습니다.

　당신은 사망하기 2년 전부터 술을 끊고, 무척 아름다운 사람이 되어 있었다는 것을. 나는 그런 이야기를 어느 시점에서 울면 좋을까 생각하면서 남의 말처럼 들었습니다.

　당신의 어머니는 가족만으로 장례식을 치르고 싶다는 뜻을 밝혔다고 합니다.

　한부모 가정을 지키면서 당차게 살아 낸 어머니.

　당신의 병을 떠올리는 사람들을 장례식에 부르고 싶지 않다는 그녀의 기분도 이해할 수 있습니다.

　T는 자신의 단주모임에서 당신과 헤어지는 의식을 할 것이라고 말했습니다.

내게는 당사자가 아닌 누군가를 위해 함께 울어 줄 동료가 없었습니다.

그런데 내가 울지 못했던 다른 이유가 있었다는 것을 지금에서야 알게 되었습니다.

당신의 죽음은 나에게 두 가지의 패배를 의미하고 있었습니다.

나는, 나의 임상을 당신들의 인생이 끝날 때까지 확인하고 싶어 했습니다.

그렇기 때문에, 나는 1초라도 빨리라고 필사적으로 노력했는데, 결국 그것을 이룰 수는 없었습니다.

이번 1년은 멍해지고 왠지 모를 고통의 매일이었습니다.

그렇지만 나는 1년이나 걸려서 당신에 대한 생각에 이름을 붙일 수 있게 되었습니다.

그것은 감사입니다.

지금 나는 당신의 행복을 당신이 그렇게도 만나고 싶어 했던 자녀들의 행복을, 그리고 당신을 고통으로 밀어 넣었던 당신 남편의 행복까지 기도할 수 있게 되었습니다.

지금, 나는 긴 꿈에서 깨어난 것 같은 기분으로 살고 있습니다.

당신이 나를 성장시켜서 지금의 내가 있는 것입니다.

그러니까 천국의 M에게 진심을 다해서 감사를 전하고 싶습니다.

사실은 만나서 애썼다고 말하면서 안아 주고 싶지만, 더 이상 그것은 할 수 없기 때문에.

참가자에게 복사물을 나눠 주거나 시각적인 것을 제시하지 않은 채, 등장인물 중 한 명의 입장이 된 것처럼 조용히 들었다. 이것이 '마치 ~인 듯'에서는 첫 번째 단계가 된다. 처음의 제시자는 히라구리 씨였다. 사회를 맡은 고모리 씨가 읽기 전에, 앞으로 읽게 될 자신의 문장을 누가 함께 들어 주면 좋겠는지를 물었다. 히라구리 씨는 내담자의 '어머니' '아버지' '할아버지' '할머니' '여동생' '이전 여자 친구들' '직장상사' 그리고 '히로군'이라는 가명을 쓴 내담자를 언급했다. 30명 정도의 참가자는 그중의 누군가가 되어 히라구리 씨가 읽는 문장에 귀를 기울였다. 읽기 작업이 끝난 후에는, 각자 듣기로 정했던 등장인물의 소그룹에 들어가 지금 읽은 문장을 어떻게 들었는지, 자신이 느끼거나 언급하고 싶은 것 또는 질문에 대해 서로 이야기를 나눴다.

이런 형태로 반영을 진행하는 것이 두 번째 단계였는데, 여기서는 '아버지'나 '어머니'는 각각의 소리로서 자식이 이런 어려운 삶을 끌어안고 살아가는 것에 대한 미안함, 자녀 양육을 부정당하는 듯한 애잔함, 또는 필요 없다고 취급되는 분위기 속에서 살아가는 어려움에 대한 공감을 언급했다. '할아버지'는 공부를 잘하는 우수한 손자인 그에게 부모의 이혼이 어떤 영향을 줄지에 대해 걱정을 하였고, '상사'는 그가 동료들 사이에서 잘하고 있는 모습을 거듭 언급하면서도 이런 평가가 오히려 그에게 압박을 주는 것은 아니지를 걱정했다. '이전 여자친구들'은 그가 처음에는 친절하고 솔선수범하는 것이 매력이었지만, 교제 기간이 길어질수록 왠지 말만 번지르르하고 내용이 없는 것 같은 기분이 들어서 '솔직히 재미없다'는 다소 매몰찬 코멘트를 했다. '여동생' 역시 조부모나 부모로부터 애지중지 귀염을 받고 자란 오빠가 일하는 어머니를 비난하는 것은 '어리광을 부리고 있다'는 다소 엄격한 피드백을 했다. 강연 장소에 비치된 보드에 지금까지 소그룹에서 언급한 소리를 차례로 써 두었다.

휴식을 하고 난 오후, 등장한 오오스키 씨에게도 동일하게 사회자가 먼저 문장을 들어 주기 원하는 등장인물에 대해 물었다. '어머니' '오빠' '사회복지사 T' '단주모임의 동료', 내담자인 M 씨를 덧붙여 이 문장의 화자=지원자(오오스키), 이렇게 6명을 보드에 적었다. 오오스키 씨는 도중에 눈물을 억지로 참으면서 병렬차트를 읽어 내려갔고, 그때 누군가의 역할을 담당하기로 한 청중 쪽에서도 눈물을 흘리는 사람이 있었다.

집단의 시간을 가진 후, 반영에서 '어머니'는 자랑스러운 딸이었던 시기도 있었던 것을 떠올렸고 명문대학을 나온 '오빠'는 자신의 존재가 부담스럽지 않았을까라고 신경을 쓰면서도 아무것도 할 수 없어서 한심스럽다고 말했다. 사회복지사인 T 씨는 오오스키 씨와 뭔가 좀 더 할 수 있는 것은 없었을까라는 후회와 함께, 그녀가 왜 거기까지 생각했는지에 대해서 듣고 싶다고 물었고, '단주모임의 동료'는 오오스키 씨가 극복한 듯이 보여서 지금은 안심한다면서 찬사를 보낸다. 'M 씨' 본인은 "천국에 있어요."고 말하면서 '패배'라는 말이 사용되는 것에 대해 놀랐다고 했다. 그렇지만 그것이 어떻게 마지막에는 감사로 바뀌게 되었는지에 관심을 가지면서 지금은 "마음대로 살고 있어요."고 고백했다. 화자인 '오오스키'로서 들었던 그룹은 도움이 되고 싶다는 것과 공회전하고 있는 자신, 속박당한, 퍼즐이 흩어져 가는 듯한 시간에 쫓기고 있는 초초함, 당사자에게 들이댐으로써 성장에 연결되는 것 같다는 등의 여러 가지 견해로 나뉘어졌다고 언급했다.

자문의 흐름으로서는 '마치 ~인 듯'의 등장인물들의 소리를 들은 다음에 사회자의 질문에 대답을 해 가면서, 제시자가 인상에 남았던 것이나 청자로부터 받은 질문에 답을 하는 반영에 대한 반영이 세 번째 단계이다. 히라구리 씨와 오오스키 씨 경우 모두 두 번째 단계가 끝나자, 이어서 이런 과정을 진행하였다. 그러나 녹음 등을 하지 않았던 이 워크숍에서는 이 부분에 관한 기록을 찾기가 어려웠다. 따라서, 코로나 감염확산이 이어진 다음 해 여름, 나는 내러티브 자문이라는 경험 자체에 대한 반영을 온라인으로 두 사람에게 다시 의뢰하기로 했다.

2. 내러티브 자문, 그 후: 1년 후의 반영

온라인으로 연결된 히라구리 씨, 오오스키 씨, 나의 대화는 그 자문을 하고 난 후에 두 사람에게 무엇이 일어났는가를 나누면서부터 시작하였다.

워크숍에서 사례 제시를 맡았을 당시, 히라구리 씨는 먼저 내담자에게 병렬차트를 그대로 전달하겠다고 말하면서 사례 제시에 대한 양해를 구했다고 말했다. 자문에 등장하는 인물의 입장에서 말해 준 참가자가 말한 반영과 그들의 말을 들으면서 떠오른 자신의 생각이나 질문에 대한 답을 자세히 적어 놓았기 때문에, 면담과정을 통해 내담자에게 그것도 그대로 전달했으며, 그 후 이런 내용을 문서파일로도 전해 줬다고 말했다. 나는 이 말을 들으면서 등장인물의 집단 중에는 '이전 여자친구들'이나 '여동생'이 한 신랄한 소리도 있었다는 것이 떠올라서, 그 부분에 대한 주저는 없었는지에 대해 물었다. 히라구리 씨는 "워크숍 당시 등장인물들의 소리는 '단정'이 아니라 '있을 법한 소리'로서 제시되고 있다는 점을 여러 번 반복해서 설명해 주었기 때문에, 자신도 있을 법한 소리의 하나로서 전해 줘도 좋은 것 같다고 생각했습니다."라고 말했다.

히라구리 씨는 고학력으로 머리가 좋은 내담자는 자신의 관계성을 외부에서 바라보기 싫어하는 것 같았다고 느꼈다. 덧붙여, 내담자는 상담자 같은 전문직종의 사람과 만날 때는 왠지 착한 아이로서 예의 바르게 말하고 있다는 느낌도 가지게 했다. 이것은 말을 바꾸면 상담과정에서 필요한 말은 제대로 하고 있지 않는 것이 아닌가라는 생각이 들어서 항상 그와 자신의 관계성을 위협받고 있는 기분이라고 했다. 자문에서는 지금까지 주목하지 못했던 측면이 수면 위로 올라와, 일말의 가능성을 생각해 볼 수 있어서 좋았는데, 이를 통해 상담자 자신이 힘들다고 느낄 때 '한숨 돌리는 느낌을 가질 수' 있게 되었다고 했다. 그러한 느낌들을 근거로, 자문 속에서 태어난 소리를 내담자에게도 '가능성으로서' 그대로 되돌려 줬던 것이다.

예를 들어, 지금까지 상담과정에서 내담자는 아버지가 자신에게 무관심했다고 생각하는 경향이 있었다. 그러나 반영의 결과를 전할 때는 아버지의 소리에 조용히 귀를 기울여서, 의외로 소리가 그대로 전달되고 있다는 인상을 받았다. 그리고 지속적으로 어머니에 대한 원망을 해 온 그에게 기회가 있을 때마다 관계성에는 다양한 측면이 있을 것이라고 말했지만, 상담자의 의도는 제대로 전달되지 않은 채 항상 히라구리 씨의 시야로부터 사라져 버렸다. 그런데 병렬차트의 '어머니'의 입장에서 말한 사람들의 소리, 즉 '자녀의 좋은 점을 알아

주지 못한', 전 여자친구들이 답답해하면서 "살아 있는 실감이 끓어 오르지 않아서 미안해. 양육방식이 틀린 것 같아." "당신이라면, 잘 할 수 있다고 말해 주고 싶어." "사랑받지 못해서 힘들었겠네요(나 도 이혼 경험이 있어서 알 수 있어요)."에는 의외로 솔직하게 반응했다. "어머니는 이런 말은 해 주지 않았다고 생각해요."라고 말하면서도 다른 각도에서 언급되는 단어들을 무시하고 있지 않다고 느껴져서 소리가 내담자에게 전달되고 있다고 생각했다. 결국 그동안 사라졌 던 다양한 측면은 상담자에게도 또다시 전경이 되었다.

'여유가 없고, 느슨함도 없고, 폭도 좁다'고 느껴지던 내담자의 이야기 또는 그것에 병행하는 듯한 비슷한 내담자들과 상담자의 관계성은 자문의 피드백 이후 왠지 모르겠지만, 변하고 있었다. 이 들은 자발적으로 먼저 어떤 화제를 꺼내지 않거나, 관계가 없다고 판단하면 화제에서 물러서 버리려는 면을 보게 되어도, '좋은 의미 로 거리낌이 없어져서' 그들과의 대화가 부드러워졌다. 그리고 히 라구리 씨는 둘러싼 인간관계를 한발 떨어져 보는 '거리'가 그들의 주변에 생겨나서 실제로 좋은 관계를 가지고 있다고 지금의 내담 자에 대해 언급했다.

한편, 오오스키 씨는 '자문은 다시 시작하기 위한 시간이었다'라 는 것으로 이야기를 시작했다. 그녀가 자문에 제시했던 사례는 종 결이라는 말을 쓰기 어려울 만큼 찜찜하게 끝낸 내담자의 이야기 였다. 임상에 몸담고 있는 사람이라면 누구라도 한두 사례 정도는 마음속에 담겨 있는 '특별한 사례'이기도 하다. 그것을 문장으로 표 현하고, 서로 반영하면서 나누는 경험을 통해 '사례에 대해 주눅 들지 않아도 좋다고 생각하게 되었고, 실제로도 주눅 들지 않는 행동을 할 수 있는' 장소로 이동했다는 느낌이 들었다고 말했다. 그것은 자문에 의해서만 초래되었다고 말하기보다는, 무언가 "자신의 '시기'와 겹쳐져서", 지금까지 쭉 느껴 왔던 '깊이 생각하면서 사명감으로 5년간을 버텨 왔던' 막힘이나 자신을 얽매고 있는 것에서 '편해졌다' '이것저것 맛보면서' '느슨하게 배워도 좋다'고 생각하게 되었다고 오오스키 씨는 말해 주었다.

오오스키 씨는 개인면담에서 느끼는 마음의 부담을 덜 수 있었던 점에 대해서 재미있는 이야기를 해 주었다. 반영 과정을 통해 M씨에게 엄격했을 것이라고 추측하던 '어머니'의 소리에서 "소중하게 여기고 있다." "(나는) 그 정도 경지까지는 이르지 못했다."와 같은 고백이 있었다. 어머니라는 존재가 실제의 모습이 어떠하든 간에 그런 감정을 가질 수 있다는 것은 이성적으로는 어느 정도 상상이나 이해를 할 수 있는 부분이었지만 개인상담 과정에서는 좀처럼 그것을 '알아차리지 못한다.' 그런데 그런 "알아차리지 못한 것을 자문을 통해 알게 되었다."라고 오오스키 씨는 말했다. 그리고 그녀는 그 같은 '알아차리지 못함'이 있다는 것이 무력함이나 실점이 아니라, '알아차리지 못함의 가능성'으로서 와닿았다고 말했다. 내러티브 자문 과정에서 다수의 소리가 여러 가지 형태로 전해질 때, 오오스키 씨는 '자신에게 울림이 있는 것만을 넣을 수 있는 자유'가 있었다고 말했다. 이러한 '가능성'과 '자유'의 진리를 깨닫는 것은 앞으로 자신이 해 나갈 면담에도 지대한 영향을 주어서, '제대로 들어야 하는 것을 듣지 않는다.'라든지, '무언가 결정적으로 이끌어야 한다.'는 고집을 내려놓을 수 있었다고 했다.

자문에서 "자신의 생각과 다른 것을 천천히 다른 사람의 소리로 들으면서 실제로 '존재한다'라는 것을 느꼈다."는 것이다. 그것은 예를 들어, 내담자가 '즐겁지 않다'고 말할 때, '무언가 즐거운 일이 있을 거야.'라고 탐색하는 것이 아니라, 즐겁지 않다는 것을 제대로 들으려는 마음의 자세와 연결되어 있다는 것이다. 내담자를 '어떻게 하지 않아도, 그런 때가 오면 내담자가 먼저 살짝 꺼낼 것이다.'라고 생각하게 되었다. 이것을 여유 있는 자세로 기다리는 것이 오오스키 씨에게는 '편해졌다'라는 변화의 의미의 하나일지도 모른다.

기업의 건강관리 부서에서 일하고 있는 히라구리 씨의 '어떤 결과를 도출할 때의 불일치, 상담전문직을 수행하는 곳이라면 다른 관여를 할 수 있었을텐데라고 느끼면서 그것을 해야 하는 책임감에 사로잡혀 있다.'라는 말도 거기에는 겹쳐져 있다. 그녀의 병렬 차트에는 내담자에게 '살아가는 것은 즐거운 일이라고 생각해 주기 바란다.'라는 '소원'이 쓰여 있었다. 이것은 직접 그에게 말해 버린다면, '강요하는 것'이 되기 때문에 면담 중에는 봉인했던 말이다. 그렇지만 자문이 피드백되자, '무언가 하지 않으면'이라는 '개인상담의 답답함'을 일단 곁에 내려놓고, 문장이나 반영을 만나는 것을 통해 왠지 내담자는 '적나라하게 말하게 되었다'고 했다. 히라구리 씨의 '소원'도, 반영의 언어도 어떤 종류의 '적나라'가 되어 그것을 직접 바라보게 한다면 아마 몸이 경직되지 않을 수 없는 말이다. 그럼에도 불구하고 거리와 시차를 두고 언급한 '적나라'는 '적나라인 것을 두려워하지 않아도 된다는 감정'을 또는 그 '적나라'를 넣어 두고 허용할 수 있는 공간을 면담에서 만들어 갈지도 모른다.

3명의 대화는 히라구리 씨가 말한 이미지를 공유하여 그것을 음미하면서 마쳤다. 그러나 그것에 대한 명확한 설명은 하지 않았다. 아니, 하지 않은 채 끝났다.

'면담과정에는 이것저것들이 옆으로 널브러져 있다. 가능성이 떠올라 펼쳐지며, 그것과 함께 새로운 자신이 떠오른다. 가능성이 자신 쪽에서부터 떠올라 왔다.'

가능성은 깊이 파묻혀 있어서 중노동을 하면서 파헤쳐야만 하는 것이 아니라, 여유를 가지고 곁에 있는 느슨한 무엇인지도 모르겠다. 강력하게 소리로 말을 걸지 않아도, 알아차리면 스스로 몸을 가볍게 일으키고 그때 함께 떠오르는 무언가가 있다. 새로운 자신이란 내담자의 것이겠지만, 그것은 동시에 우리 자신의 것이 아닐까? 재촉하지 않으면 안 되는 말에 재촉하지 않는 것이야말로 우리는 격려받고 있는 것이다.

제11장

워크숍 2: 협력적 글쓰기 작업

1. 협력적 글쓰기 작업에 도전하다

2. 또다시, 글쓰기 작업이 탐구라는 사실

1. 협력적 글쓰기 작업에 도전하다

이 책을 마무리할 무렵, 이 책의 저자인 우리들은 일본가족치료
학회 학술대회에서 '내러티브 자문'이라는 제목으로 워크숍을 담당
하게 되었다. 참가자를 모집하기 위한 개요는 다음과 같다.

***

이 워크숍은 사례를 '내러티브적으로' 만드는 자문, 즉 내러티브
자문을 소개하여, 그것을 경험을 해 보도록 기획되었습니다.

내러티브 자문은 문자 그대로 내러티브 관점을 전제로 하면서,
자문의 실천과 내담자의 이익에 공헌하려는 자문의 방법과 실천은
탐색하는 것입니다. '문제의 원인'이나 '사례의 본질'이나 '내담자의
진의'나 '정직한 개입'이나 '해야 하는 지원자의 자세'를 탐색하지 않
습니다. 또한 사례나 상황을 하나의 결론으로 이끌어 가지 않고, 펼
쳐지는 사례 속에서 드러난 다양성을 유지한 채로 거기서 여러 개
의 말하는 방법이 어떻게 생겨나는가에 초점을 둘 것입니다. 그리
고 그런 과정을 통해 지원자나 팀은 물론, 내담자와 그 가족이 넣을
수 있는 선택지를 넓게 늘려 가는 것을 추구합니다.

이러한 자문을 구체화해 갈 때, 특히 기본적으로 중시하는 것은
'글쓰기 작업'과 '반영 과정'입니다. 오전의 강의에서는 우선 '글쓰기
작업'이 왜 필요하며, 그것이 '반영 과정'과 어떻게 함께 할 수 있는

가를 중심으로 내러티브 자문의 개요에 대해서 언급할 예정입니다.

워크숍에서는 이런 것을 직접 경험해 보는 연습을 위해 참가자 전원이 '글쓰기 작업'을 하게 됩니다. 먼저, 자신이 뭔가 써 보고 싶은 것이 있는 사람이나, 아니면 짧은 시간에 글을 쓰는 것이 힘들다고 생각하는 참가자들은 미리 '행복한 환자', '행복한 내담자'라는 주제로 병렬차트를 작성해 오시기 바랍니다. 90분의 점심시간은 당일 글쓰기 작업을 하는 시간으로 활용하겠습니다. 특히, 이번에는 내러티브 글쓰기 작업의 실천을 합니다. 자세한 것은 오전 강의에서 설명합니다만, 미리 썼던 문장에 덮어 쓰는 형태로의 협력적인 문장작성 스타일에 도전해 봅시다.

오후에는 작성한 것을 읽어 가는 낭독회 형태로 내러티브 자문의 실제와 강점을 접촉해 보는 시간을 가지려고 합니다. 내러티브의 아이디어, 지금까지와는 다른 자문, '글쓰기 작업'과 '그것을 읽는 작업', 이런 것에 관심을 가진 분들의 참가를 기대합니다.

＊＊＊

이 무렵, 글쓰기 작업과 반영을 둘러싼 우리들의 관심은 '글쓰기 작업 × 글쓰기 작업', 즉 협력적 글쓰기 작업으로 전환되고 있었다. '행복한 환자' '행복한 내담자'라는 제목의 문장을 지참해 달라는 부탁으로 실제 어느 정도의 참가가가 참여할지는 미지수였는데, 코로나 중임에도 불구하고 현장을 직접 찾은 참가자는 20여 명이며, 그들은 모두 자신들이 작성한 문장을 가지고 왔다. 이렇게 하여, 첫 협력적 글쓰기 작업을 활용한 내러티브 자문은 진지하고 의욕적인 분위기에서 실시되었다.

협력적 글쓰기 작업에서는 복수의 저자가 협력하여 하나의 논문과 같은 저작으로 완성시키는 것이다. 이 방법에는 참가인원이나 (담당 영역만이 아니라 아이디어, 교정, 집필 등의) 분담 형식에 의한 여러 가지 형태가 있지만, 그 성격은 다음과 같은 표현에서 추측할 수 있다.

> 이 문장을 쓰는 것이, 특히 그것이 당신에게 향하고/당신을 위해 쓰는 것으로 내가 고분분투한 끝에 '텍스트의 가능성'을 찾고 있다. 즉, 무엇인가 지금까지와 다른 것이 일어날 것 같은 장소가 되는 공간을 탐색하여 그 텍스트를 당신에게 보낸다. 당신에게 그것을 제공하기 위해 메일의 보내기를 클릭할 때, 나는 그것을 기대하고 있다. 그것은 도움을 줄 수 있기 때문이 아니라, 거기에 쓰인 것이 우리를 어딘가로 이끌어 줄지 모른다고 생각하기 때문이다. 아직은 우리가 알지 못하는 장소로, 예측할 수 없는 장소로 말이다.
>
> (Gale & Wyatt, 2007, p. 792)

여기에는 워크숍 당일에 있었던 글쓰기 작업과 공유 과정의 일부를 소개해 보려고 한다.

행복한 환자 1 (이와나가 쇼우조우 + 아베 유키히로)

행복한 환자 ver.1

이와나가 쇼우조우

암치료를 전문으로 하는 의사의 설명을 충분히 알지 못했지만, 알았다고 말했다. 아니 반대였는지도 모르겠다. 수술은 하지 않겠다고 말했다. 하지 않아도 괜찮다고 생각했다. 아니, 그렇게 생각하지 않았을지도 모른다. 어쨌든 하지 않겠다고 말했다. 의사는 가족들에게 연락을 했는데, 그동안 소원했던 장남은 집으로 돌아오라고 말했다. 차남도 그렇게 말했다. 대학 등록금을 끝까지 대 주지 못했던 차남에 대해서는 계속 미안한 마음을 가지고 있다. 이혼해 줄 것을 거부했던 아내가 가져다주는 식사는 의외로 먹기가 쉬웠다. 어릴 적부터 귀엽게 굴던 장녀는 커서도 신경을 써 주면서 전화를 했다. 병실에 병문안도 와 주었다. 결혼하여 아이도 있다고 듣고 있었기 때문에 손자를 데리고 오는 것은 아닌지 긴장했지만 데려오지 않았다. 고향의 병원. 10대 때 고향을 떠나서 멀리멀리 떨어졌다. 사람과도 멀어졌다.

헤어질 수 없었던 처자식. 병은 낫지 않을 것이다. 나쁜 인생은 아니었다고 말할 수 있다.

행복한 환자 ver.2

아베 유키히로

암튼 수술은 안 하겠다고, 이렇게 의사에게 전했다.

암치료 전문인 선생이어서, 설명은 잘했다.

그러나 아무것도 알 수 없었다.

수술은 하지 않아도 괜찮다. 내게 있어서는.

이곳 고향을 십대 때 떠났다.

어쨌든 고향을 벗어나고 싶었다.

점점 먼 곳으로 먼 곳으로 멀어져 갔다.

만났던 사람들과도 조금씩 멀어졌다.

그런데 나는. 이 고향의 병원에 혼자 있다.

처자식과는 멀어질 수가 없었다.

변명의 여지는 없지만, 단지 멀어지지 못했다.

헤어져 주지 않았던 아내의 도시락은 솔직히 맛있었다.

지금까지 소원했던 장남이 돌아오라고 말한다.

등록금을 대 주지 못했던 차남을 만날 용기가 없다.

어릴 때의 귀여운 모습을, 나는 기억하고 있지만, 그런 것

말할 처지가 아니다.

딸은 역시 유난히 귀엽다.

전화를 하고, 병문안도 왔다.

계속 신경이 쓰이는 것은 결혼하여 아이가 있다고 들었다.

이런 내가 손자를 만난다고 동요했지만,

딸은 혼자서 왔다.

그래도 좋다.

수술은 하지 않아도 괜찮다.

병을 고칠 필요가 없다.

멀어지지 못한 내 가족에게,

괜찮다는 것만 전하자.

아베 씨의 다시 쓰기의 의도　버전 1을 읽는 순간, 시적인 것을 느꼈습니다. 원래는 리듬감이 있는 군더더기가 없는 문체로, 그 간결함 속에 문득 '충실한 고독'과 같은 것을 맛볼 수 있다는 느낌이 들었습니다. 그래서 과감하게 시로 만들어 보려고 생각했습니다. 그러자 한 명의 남성의 주관적 입장에서 재구성하게 되었고, 자연이나 사건의 순서도 바꿨습니다. 일인칭의 '나'는 다시 쓰기 작업을 하면서 거의 의식하지 않은 채 써 내려갔습니다.

다시 쓰기에 대한 이와나가 씨의 코멘트　나는 대명사가 없는 일인칭으로, 이 이야기를 작성했는데 아베 씨는 거기에 '나'라는 대명사를 부여해 주었다. 병상에서 남성이 스스로에게 물으면서 자신의 인생을 되돌아본다. 아베 씨는 이 남성의 고독에서 왠지 '충족된 고독'이 느껴졌다고 표현했다. 나는 한방 얻어맞은 느낌과 동시에 가슴이 뛰기 시작했다. 반영이란 이런 것을 말하는 것이 아닐까?

행복한 환자 2 (우에무라 타로우 + 아카츠 레코)

행복한 환자 ver. 1

우에무라 타로우

그 여성은 교통사고로 인해 뇌손상에 의한 기능장애라는 진단을 받고 오랫동안 뇌신경외과에서 통원치료를 하고 있다. 그녀의 가장 큰 어려움은 주의력 저하로 방금 전에 했던 것을 잊어버리거나 지하철에 중요한 물건을 두고 내려서 패닉이 되는 경우를 여러 차례 반복하고 있는 것이다.

이사를 하게 되면서 그녀는 그전에 다니던 뇌신경외과에서 우리 병원의 정신의학과로 오게 되었다. 그때 그녀는 취업지원 센터에 다니고 있었다. 사고 이전에 출판사에 근무하면서 잡지 편집의 일을 담당했는데, 그것을 다시 하는 것은 무리라고 해도, 가능하다면 빠른 시간 내에 사회로 복귀하고 싶다고 생각하고 있었다.

감탄할 만큼 노력형인 그녀는 얼마 되지 않아서 우리 지역에서 모르는 사람이 없을 정도로 유명한 공공기관에 취업을 했다. 장애자 할당에 의해 이루어진 고용이었기 때문이겠지만, 처음 그녀에게 주어진 일은 지나치게 단순한 것뿐이었다.

주의력 저하는 계속 진행되고 있었기 때문에 실수가 잦았다. 그러나 상사가 그녀의 업무 태도를 높이 평가하면서, 어느샌가 그녀는 사내 알림코너의 편집을 담당하고 있었다. 스스로 기사를 쓰고 인터뷰를 하느라 회사 안팎을 누비고 다니기 시작했다.

그녀는 결혼했고, 그때 임신과 출산까지 겹쳐서 어머니로서 자녀양육에도 고군분투하고 있었다. 진료를 올 때마다, 자신이 직장이나 가정에 얼마나 멍청한 실수를 많이 하면서 주위에 피해를 주고 있는지에 대해 강조했다.

그녀는 진찰도중에 형형색색의 작은 문자나 숫자가 빽빽이 적혀 있는 두꺼운 수첩을 열어서 자신이 언제, 어떤 실수를 했는지 자세히 보고했다. 또한, 꽉찬 스케줄로 일이나 일상생활에 얼마나 여유가 없는지도 호소했다.

그녀는 어린 딸과 좀 더 많은 시간 함께 지내고 싶다는 기대가 있었고 집안일도 제대로 하고 싶다고 말했다. 업무를 수행할 때 실수도 줄이고 싶다고 생각하고 있다. 사내 알림코너의 성공으로 새롭게 담당하게 된 페이스북의 회사 홈페이지에도 좀 더 충실하고 싶다고 생각했다.

그런데 말이에요. 그걸 전부 할 수 있다고 생각하나요? '일하는 방식의 개혁'이란 걸 알고 있나요? 당신은 정말 노력하고 있군요.

행복한 환자 ver.2

아카츠 레코

나는 주치의로부터 한 가지 약을 제안받았다.

그것을 복용하면, 딱 일주일 동안, 낮 시간에 내가 둘로 나뉘어서, 한 명의 나는 회사에 가서 일을 하고, 본래의 나는 집에서 아이와 지낼 수 있다. 이상하다. 좋아하는 선생님의 권유니까 시험 삼아 복용해 보기로 했다.

다녀오세요. 또 하나의 나를 배웅한다. 아이와 지내는 시간은 즐겁다. 냄비를 가스 불에 올려놓고는 기억하지 못하거나, 열심히 쇼핑 리스트를 작성했지만 오늘도 역시 간장을 사야하는 것은 잊어버렸다. 실패는 반복된다. 그러나 지금은 누구에게도 피해를 주지 않는다. 누구도 나를 탓하지 않는다. 발을 동동거리는 내가 이상할 정도다. 무엇을 해도 사람들의 두 배가 걸리는 게 나니까.

저녁에 문득 수첩을 보니까 적어 놓은 것이 늘어났다. 또 한 명의 내가 하지 않으면 안 되니까 메모를 잘해 두어야지.

어서 오세요. 나는 하나의 나로 돌아왔다. 그러나 허둥대지 않는다. 오늘은 하루 종일 딸과 함께 지냈고 누구한테도 질책당하지 않았다.

매일 저녁 때가 되어 수첩을 보면, 쓰여 있는 것이 점점 늘어나고 있다. 아, 대단한데, 또 하나의 내가 열심히 하고 있네, 대단해요.

약의 효과가 없어지는 8일째, 나는 딸에게 오늘도 열심히 일하고 올게라고 말을 건넨 뒤, 집을 나선다. 거기서부터 언제나와 같은 모습이다. 이것저것 잊어버리지 않으려고 메모를 적고 생각한다. 이번 일주일의 일은 금방 잊어버리고 말았다.

저 왔어요. 아, 피곤하다. 근데, 뭔가 이상하네. 또 한 명의 내가 웃으면서 어서 돌아오라고 말해 주는 것 같다. 그렇지, 이젠, 집이다. 실패해도 어떻게

든 될 거야. 어깨의 짐을 내려놓았다. 딸의 미소에 혼잣말을 했다. 이런 엄마라도 용서해 줘. 그리고 잘 부탁해.

아카츠 씨의 다시 쓰기 의도   어린 딸이라고 표기되었지만, ver.1 속에 아이에 관해서 단 한 번 언급된 것이 마음에 쓰여서 이야기를 이렇게 전개해 봤습니다. 그리고 이상한 약에 관한 것인데요, 작성한 후에 우에무라 씨는 의사여서 아마도 이런 약이 있다면이라고 생각하지 않았을까요? 저도 이 여성에게 조금이라도 좋은 일이 일어날지도 모른다고 생각했습니다.

다시 쓰기에 대한 우에무라 씨의 코멘트   아츠카 씨의 다시 쓰기를 읽어 본/들어 본 덕분에 내가 이 사례를 선택한 이유를 알게 되었다. 알았다고 할까, 떠올랐다는 느낌이 더 가까울 것이다. 이 환자는 호소를 표현하는 형태는 언제나 부정적이었지만 기본적으로 긍정적인 여성이었다. 적어도 내게는 그렇게 보였다. 오리지널의 병렬차트에서는 잘 재현되어 있지 않은데, 긍정적이며, 조금은 '가공되지 않은 자연 그대로'가 녹아 있었다. 그렇기 때문에 그녀의 발언이나 몸짓은 어디라고 할 것 없이 유머를 느낄 수 있었다. 다른 말로 하면 쾌활한 그녀의 캐릭터가 자칫 현재 상황이나 앞으로 예후와 관련하여 비극적이 되려는 나를 지켜 주었다고 생각했다. 그것이 이 사례를 선택한 가장 큰 이유였는데, 아츠카 씨의 다시 쓰기가 그것을 떠올리게 해 주었다. 그리고 아츠카 씨의 다시 쓰기에서 놀랐던 것은 오리지널에서 언급하지 않은 실제 환자가 저지른 실수나 실패의 에피소드를 언급하고 있다는 것이다. 그것은 어쩌면 예측 가능한 것이라고 말할 수 있어도, 환자가 약을 복용하여 '집에 있는 자신'과 '일을 하러 가는 자신'으로 나눈다는 발상에는 감탄을 하지 않을 수 없다. 마지막에서는 그것이 융합되는 것 같은 전개였다고 생각하는데, 확실히 그런 느낌으로 그녀는 회복하고 있다는 인식을 새롭게 할 수 있었다.

2. 또다시, 글쓰기 작업이 탐구라는 사실

'글쓰기 작업'이란 오리지널이 없는 반복이라는 우리들이 존재하는 방식을 둘러싼 비유이다(제14장). 또 한편으로 실제로 글쓰기 작업이 경험이나 상황―임상의 맥락으로 돌아가면 사례를―을 넓히는 작업이기도 하다. 따라서 협력적 글쓰기 작업이 커다란 도약이 될 것이라고 짐작했다. 그러나, '글쓰기 작업 × 글쓰기 작업'의 형식에서 전개되는 내러티브 자문이 이처럼 재미있는 과정이었다는 것은 상상하지 못한 결과였다.

첫 번째의 '행복한 환자'의 경우 원래 이와나가 씨의 병렬차트의 매력이 눈에 띄었다. 일인칭을 생각하여 상황은 자세히 설명되지 않았다. 이러한 여백이 우리를 덮어쓰기로 이끌었다. 고향으로부터, 사람들로부터 '멀리멀리' 멀어져 있던 한 인간의 '나쁘지 않았던' 인생. 그것을 '행복한'이라고 형용하는 지원자의 눈빛. 여기저기에 있는 틈새가 경작해야 하는 토지가 된다.

아베 씨의 귀에는 거기로부터 '어떤 소리'가 들렸다. '나는'이라고 말하기 시작한 소리다. '아내가 가지고 온 식사는 의외로 먹기 쉬웠다'는 '아내의 도시락은 솔직히 맛있었다'로 바뀌었다. 이 같은 직접적인 소리는 이와나가 씨의 문장에서 아베 씨가 들었던 것이다. 그런 솔직함은 환자 속에 확실히 있던(일지도 모르는) 생생한 소리일 것이다. 동시에 죽음을 앞두고 있을 때, 힘이 들어간 경직을 풀고 그저 거기에 있을 수밖에 없는 우리들도 가지고 있을 비겁함이 드러난 것이기도 하다.

이어서 두 번째 문장에서 우에무라는 뇌기능으로 인한 장애에서 오는 곤란이나 초초나 불안감을 호소하는 환자의 모습을 중점적으로 언급했다. 그런데 그전에 쓰인 톤과는 사뭇 다른 톤으로 쓰인 마지막 두 줄에서 담당 의사의 따뜻함과 곤란이 그대로 전해지고 있다. 그런데 아카츠 씨는 일상을 통제하여 대처해 가며, 달관하면서 힘차게 살아가는 여성의 또 하나의 소리를 거기서부터 끌어냈다. 협력적 글쓰기 작업은 항상 먼저 쓴 문장에 대한 응답을 포함하고 있다. 두 번째 문장에서는 우에무라 씨의 문장에 있는 마지막 두 줄에 명확한 응답이며, 응답한 것을 통해서 여성 자신이 가지고 있는 힘을 확인해 가는 과정이 되고 있다.

간단하게 요약하면, 아베 씨든, 아카츠 씨든, 그것은 소리의 꾸밈이 아니라는 것이다. 원래 문장에 잠겨 있는 것을 건져 내어 세부적인 것을 클로즈업하고, 낮게 들리는 저음의 볼륨을 높이면서 그런 것에 확실히 존재하는 '가능성'이 이어지는 문장을 통해 넓어지고 있다.

워크숍에서 활용된 협력적 글쓰기 작업은 앞에서 언급한 2개 이외에도 모두 대단한 것들이었다. 각각에게 다양하게 덧붙여진 문장이 보다 '가까운 거리의 풍경' '땅의 소리' '피부'에 가까운 감촉을 가진 이미지라는 공통점을 가지고 있다. 아마도 그것은 지원자가 환자나 내담자를 묘사한 첫 번째 원고인 병렬차트에서는 배려, 신중함, 조심스러움과 같은 필연적이며 윤리적인 '거리'가 동반되었기 때문인지도 모른다. 그렇지만 그럼에도 불구하고, 거기에 어쩔 수 없이 포함된 탄식이나 피부 냄새와 같은 촉감적이며 직선적인 뭔가를 지원자인 읽는 사람(읽은 다음의 쓰는 사람)은 확실히 듣게 된다. 단지 그것을 받아들일 뿐 아니라, "독자의 기쁨은 작가의 기쁨보다 크다고 생각한다. 독자는 어떠한 고통스러운 불안도 느낄 이유가 없다. 기쁨을 추구하는 것뿐이기 때문"(Borgers, 2000)이라는 위치에서 그것을 들을 수 있다. 그렇기 때문에 '내 언어이지만, 나의 것은 아니다.'라고 인식하면서 그 위에 덮어 쓰면서 무언가를 복원시키는 것에서 독자의 입장이 된 작가는 보다 자유롭고 대담해질 수 있다.

　　마지막 두 줄의 문장은 어느 쪽이냐 하면 '아픈 사람'을 둘러싼 것이었다. 『병든 것에 대해서』에서 버지니아 울프(Virginia Woolf)는 다음과 같이 쓰고 있다.

　　한 사람 한 사람의 길에는 원시림이, 새의 흔적조차 발견할 수 없는 눈 내린 광야가 가로지르고 있다. 우리는 그곳을 혼자 걷고 있어서, 그 길이 더욱 좋다. 항상 동정받고, 항상 돌봐지며, 항상 이해된다면 견디기 힘들 것이다. 그러나 건강할 때에는 친절한 척을 하지 않으면 안 되고 노력—전달하여, 문명화하여, 서로 알아차리고, 사막을 경작하여 원주민을 교육하고, 낮에는 열심히 일하고 밤에는 함께 노는 노력—은 반복되어야 한다. 병에 걸리면 이러한 척은 멈춘다. 병상을 필요로 하고 또는 의자에 항상 있는 쿠션 사이에 몸을 푹 박고 또 다른 의자 위에 양다리를 올리고 지상보다 1인치 높아지게 되자마자, 나는 정의로운 사람들로 구성된 군대의 병사가 되는 것을 그만두었다. 탈주병이 된다. 정의로운 사람들은 전투의 기회를 엿보기 위해 행진을 한다. 나는 나무 조각에 올라타고 물줄기의 위에서 표류한다. 오래된 잎과 함께 잔디의 위를 허둥대면서 표류한다. 무책임이며 무관심이며, 최근 몇 년 만에 처음으로 주변을 둘러보고 올려다보며 하늘을 쳐다볼 수 있었다.

탈주병의 소리를 듣고 그의 탄식을 느낄 수 있는 것은 같은 탈주병뿐이다. 글쓰기 작업에서 지원자 역시 '정의로운 사람들로 구성된 군대의 병사가 되는 것을 그만두는' 것이 가능하다. 쓰인 것에 덮어 써 갈수록 그것은 '표류한다'. 쓰면서 우리들은 '무책임, 무관심'인 탈주병으로서의 경우를 늘려 가는데, 그것이야말로 '하늘을 바라보는 것이 가능하다'는 것이다.

지금까지 거기에서 바라보며 발견해야 하는 것은 환자나 내담자의 '진정한 모습' 등이 아니라고 여러 번 반복하며 사족을 달아 왔다. 하나의 문장을 다시 쓰며, 변주를 해 가는 협력적 글쓰기 작업은 문자나 언어의 작업이지만, 구전으로 전승되는 이야기의 스타일을 이어 가는 것일지도 모른다.

> 이야기를 즐기는 것은 청자 또는 독자의 상상력을 지레로 한 '틈'과 '동요'를 무한대로 증폭시키면서 진행하는 것이다. 따라서 이야기의 이해에는 '정직'이나 '오해'는 있을 수 없다. 그리고 '작가의 부재'야말로 이야기의 기본 전제가 되기 때문에 그것은 독창성이 아닌, 이름을 밝히지 않는 익명성을 그 특징으로 할 수밖에 없을 것이다.
>
> (노이에, 2005)

구전과 마찬가지로 협력적 글쓰기 작업 역시 저자(author)라는 권위(authority)를 내려놓고 이야기를 시작된 원점으로 되돌아가려 하지 않는다. 청자이고 독자인 제2의 글 쓰는 사람은 처음 글에서 어떤 것을 받아들인다. 그리고 받아들인 것에서부터 다시 쓰기는 시작한다. 갱신이며 탐구이며 창조인 이런 과정이 그려 가는 것은 진실이 아니라, 대안적이며 다른 버전이 된다. 그렇지만 그것은 공허한 몽상이 아니라, 층을 더해 가면서 여러 소리에 지지되고 있는 현실(reality)이다. 이 같은 작업의 과정에서 우리가 만나야 하는 환자/내담자의 개별성(individuality)이라는 것은 기원(origin)을 본질로 하는 창조성(originality)이 아니라, 이야기는 각 회마다 잘라 내어 꿈꿀 수 있는 강력히 '그런 것도 있을 수 있는' 이미지이다.

감염증 확대로 여러 번의 연기에 이해를 구하면서 겨우 만났던 워크숍이었다. 더운 여름, 우리는 현장에 직접 모여서 글쓰기 작업, 소리 내어 읽기 작업, 서로 듣기 작업을 하였다. 그리고 글쓰기 작업과 그것을 아우르는 내러티브 자문이 현실과의 가능성 탐구로서 성립되어 가는 풍경을 조용히 바라보았다.

제12장

존 윈슬레이드와
로레인 헤트케

내러티브 치료의 입문서로서 일본에서 가장 많이 읽히고 있는 저서는 앨리스 모건(Alice Morgan)의 『내러티브 치료란?』으로 거기에는 12개의 대화가 제시되어 있다. 그중 하나인 '회원의 재구성 대화'를 자신의 유일한 치료 실천의 기반으로 삼고 있는 사람은 로레인 헤트케이다. '리멤버링(re-membering)'이란 re와 membering의 사이에 '-'으로 구성되어 있으며, '추억'과 '다시 회원으로 하기'라는 이중의 의미를 가지고 있다. 이 두 개의 행위를 통하여 대안적 이야기를 풍부하게 한다. 그녀의 실천 영역이 비애라는 것에 한정되어 있던 것도 이유일 수 있지만, 같은 영역에서 일하던 내러티브 치료자 중에는 그녀와 같은 시도를 했던 사람은 없었기 때문에 그것은 특수한 것이라고 말하지 않을 수 없다. 말하자면, 그녀는 마이클 화이트의 기법을 스스로의 이론으로 승화시킨 셈이다. 두 사람 사이에 어떤 내러티브 자문이 있었는지는 상상할 길이 없지만, 거기에 또 한 명의 중요한 인물이 관여되어 있다. 그는 존 윈슬레이드(John Winslade)이다.

1. 존 윈슬레이드의 비애

……죽음과 그 친구인 비애는 내 인생에 여러 번 찾아왔다. 가장 강렬했던 것은 22년 전, 5개월 된 딸 줄리아의 죽음이다. 그것은 내게 결정적인

사건으로 여전히 지속되고 있었다. 다른 가족들도 사망했지만, 줄리아의 죽음만큼 어려움을 초래한 경우는 없었다. 그녀는 시간이 지나도 계속 내 기억 속에 살아 있으면서 어떤 때는 놀랄 만한 방법으로 내 인생에 등장했다. 줄리아의 죽음을 경험함으로써 나는 기존의 비애이론과 조금 어색해졌다. 직업인으로서 비애를 둘러싼 문제로 힘들어하는 사람들을 상담할 때, 내가 자유롭게 사용할 수 있는 도구는 의외로 많지 않았는데, 그런 생각을 하면서 일을 계속한다는 것에 때로는 허무한 느낌이 들기도 했다.

그런데 1993년에 마이클 화이트의 「재회」라는 논문을 읽으면서, 나는 그제서야 납득할 수 있었다. 그것은 마치, 지금까지의 경험이나 직업상 느껴 오고 있던 것이 한순간 모두 나의 기존 지식에서 사라져 버리는 것과 같았다. 그것은 지금까지 다른 영역에서 경험한 것처럼 서서히 일어나는 관점의 변화가 아니었다.

그 후 나는 자신의 인생에서도, 상담이나 교육이라는 직업적인 부분에서도 비애에 대해서 생각할 때 구성주의 관점을 포함하게 되었다. 2001년 1월 어머니가 사망했을 때는 이런 생각으로, 어머니의 죽음이라는 경험이 얼마나 인생을 긍정적으로 만드는지를 실감했다. 그리고 어머니를 추억하는 것이 나에게 기쁨의 원천으로 이어졌다. 이것이 내게 어떤 상실감도 없다거나 어머니가 지금 살아 있으면 좋을 텐데라고 생각하지 않는다는 것은 아니다. 어머니를 그리워하며 슬퍼하는 것은 여전히 상당한 영향을 미치고 있었지만, 그래도 전체적으로 보면 그렇게 힘든 것이 아니었다.

(Hedtke & Winslade, 2004)

캘리포니아 임상교육자인 윈슬레이드와 그의 딸의 죽음, 그것만으로는 개인적 경험이 자신의 임상을 변화시킬 정도로 얼마나 큰 일이였는지 와닿지 않을지도 모른다. 한 가지 그의 생생한 에피소드를 덧붙여 보려고 한다.

나는 딸의 죽음 후, 그 점(사랑하는 사람은 사후 몇 년간 사람들의 인생의 일부가 된다는 것)에 대해서 상당히 교훈적이었다고 생각하게 되었다. 줄리아가 사망하고 나서 몇 개월간, 고통으로 가득 찬 나날을 보내고 있던 중, 크리스틴과 나는 왠지 이대로 있으면 안 될 것 같았다. 결국 뉴질랜드에서의 생활을 견디지 못하고 영국으로 갔다. 우리는 잉글랜드와 스코틀랜드를 여행했고, 스코틀랜드에서 어떤 70대의 부부를 만났다. 그 부부는 뉴질랜드에 있는 친구의 부모님이었다. 두 사람은 우리를 무척 따뜻하게 맞이해 주면서 3일 동안 여기저기로 안내해 주었다. 그들과 헤어지기 전 날 밤, 나는 두 사람에게 우리의 딸이 죽은 것을 알고 있는지 물었다. 그리고 그것이 우리가 여기 온 계기의 일부였다는 것도 덧붙였다. 우리는 그전까지 그런 사실들을 입 밖으로 언급한 적이 없었다. 두 분은 자신의 딸에게서 온 편지와 이야기 도중에 잠깐씩 스친 말 속에서 줄리아의 죽음을 알고 있었다고 말했다. 그리고 남편은 그것이 우리가 그 집에 머물렀으면 했던 큰 이유였다고 덧붙였다. 그는 눈시울을 붉히면서 자신도 40년 전에 딸이 죽었다고 말했다. 남편이 그런 이야기를 털어놓을 때, 그의 아내는 눈물을 참으려고 애썼고, 결국 그가 딸의 죽음에 대해서 말하기 시작하자 방을 나가 버렸다. 그때 나는 깊은 마음의 동요를 경험했다. 그때는 충분히 이해하고 있지 못했는데, 이 이야기를 들었던 것, 그리고 두 사람의 딸이 죽은 지 40년이나 지난 지금도 그것으로 인해 감정이 흔들리는 것을 직접 목격함으로써 나는 말할 수 없는 구원을 받았다. 마치 그의 딸은 지금도 여전히 그들의 인생에 존재하고 있는 것 같았다. 그때 내가 느낀 평온함은 줄리아를 인생에서 지워버리지 않아도 된다는 사실을 격려받고 있다고 느꼈기 때문이었고, 이러한 지혜를 나중에서야 얻게 되었다. 어떤 것이든, 이 사람들이 딸이 죽은 뒤 많은 시간이 흘렀음에도 마음의 중심에서 딸의 존재를 뚜렷하게 느낄 수 있다면, 나 역시 그것이 가능하다고 생각했다. 이러한 생각은 그 당시 내가 했던 그 어떤 생각보다 많은 위로를 얻을 수 있었다. 강한 상실감의 한가운데에서 나는 잃어버리지 않은 이야기뿐 아니라, 그 이야기를 생생하게 정면으로 마주했다. 40년 후에도 나 자신의 인생에서 줄리아의 존재를 계속 느끼면서 줄리아가 나의 인간관계에 어떤 영향을 미칠 것인가를 상상할 수 있었던 덕분에 그녀의 죽음에 동반된 고통이나 견딜 수 없는 어려움에 대해 훨씬 여유를 가질 수 있었다.

이러한 개인적 경험에 지지를 받은 임상적 감각을 가진 그는 혜트케와 함께 다음과 같은 공동작업을 시작한다.

로레인과 만난 것은 이 영역에서의 그녀의 작업, 그리고 같은 방향성을 공유하고 있기 때문에 나는 많은 매력을 느꼈다. 만나서 얼마 지나지 않았을 때, 내가 그녀에게 줄리아를 소개하자, 그녀는 과하지도 부족하지도 않은 따뜻한 관심을 보여 주었다. 나는 그녀의 실천 이야기를 듣는 것을 즐겼다. 그녀의 작업은 나의 마음을 움직이고 내 생각을 자극하여 작업을 더욱 진전시킬 수 있는 힘을 주었다. 이 책의 거의 대부분이 로레인의 작업에서의 이야기이고, 나의 작업에서는 약간의 이야기를 가져왔다. 그녀의 경험이 토대가 되지 않았다면, 나는 이런 기획을 수락하지 못했을 것이다. 우리가 작성한 것은 실천적 보고에만 머무르지 않았다. 우리들은 여기에 작성한 작업에 대해서 여러 시간 동안 이야기를 나눴다. 이런 대화야말로 이 책의 집필에서 상당히 중요한 것이었다.

2. 로레인 헤트케의 비애

로레인 헤트케는 1985년에 대학원을 수료하고 사회복지사로서 개업을 했으나 얼마 지나지 않아서 사회구성주의적 관점을 촉진하는 싱크탱크의 역할을 하고 있는 애리조나주 피닉스에 위치한 창조적 변화 연구소(Institute of creative change)의 스태프가 되었다. 바로 이곳에서 『인생의 회원 재구성』을 출판할 때까지 20년 정도의 기간 동안 내러티브 애도치료가 만들어졌던 것이다. 연구소에서 끓어오른 신선한 생각들은 작열하는 태양의 사막을 식히는 안개비와 같은 것이었다고 한다. 그녀에게는 윈슬레이드가 경험한 것과 같은 압도적인 사별의 경험은 없는 것 같다. 그러나 사별에 대한 독특한 실천을 하고 있었다는 것은 다음과 같은 딸의 행동에서 분명히 알 수 있다.

나에게 애디슨이라는 열 살 된 딸이 있는데 그녀는 종종 할머니의 이야기를 한다. 딸은 두 사람의 관계나 얼마나 할머니를 좋아하는지를 말한다. 그녀는 오래전부터 할머니가 좋아하는 노래의 도움을 받으면서 잠이 들었고, '할머니의 팬케익'을 먹기 위해서 일어났다…… 할머니와 애디슨의 연결은 그러한 관계가 딸에게 귀중한 유산과 커뮤니티의 감각을 가질 수 있도록 돕는다는 의미에서는 많은 어린아이가 가지고 있는 관계의 전형이라고도 할 수 있다. 그러나, 단지 그 연결의 다른 점은 애디슨과 할머니는 직접 만난 일이 없다는 것이다. 애디슨의 할머니는 1978년에 사망했는데, 그것은 그녀가 태어나기 15년 전의 일이다.

'지정의(역자 주: 지성, 감정, 의지)'라는 말이 있는데, 내러티브 애도 상담에서는 마이클 화이트, 존 윈슬레이드, 로레인 헤트케가 이 순서대로 각각의 차원을 후원하고 있는 것은 아닐까라고 생각 한다.

3. 화이트, 들뢰즈, 아이온

2007년 4월 4일 화이트가 세상을 떠나기 수일 전, 마지막 만찬 은 헤트케와 윈슬레이드에게 초대받은 캘리포니아에서의 워크숍 을 끝내고 함께한 자리였다. 그 워크숍, 레스토랑, 그리고 병원에 서 일어났던 일들이 두 사람에 의해 보고되었다(Hedtke & Winslade, 2007). 유족들의 케어를 전문으로 하는 두 사람이 주최한 워크숍에 서 쓰러졌다는 사실만으로도 무척 상징적인데, 화이트는 그날 동석 한 사람들에게 근황을 계속해서 물어보았다는 것이다. 사실, 이들 이 쓴 보고의 양식 자체가 좀 남달랐다. 워크숍, 레스토랑, 화이트 가 실려 간 병원, 이 세 곳의 모습이 뒤섞여서 모두가 현재형으로 쓰 여 있었다. 그녀는 왜 그렇게 알기 힘든 기술방법을 선택한 것일까?
　너무 앞서 나간 것 같다. 좀 더 천천히 정리하기로 하자. 화이트 는 비애의 케어에 열심인 두 사람의 초대를 받고 워크숍을 진행한 후에 있었던 회식 중에 쓰러졌는데, 그는 이때 들뢰즈(G. Deleuze)

의 철학의 중요성에 대해 많이 강조했다고 한다. 즉, 헤트케와 윈슬레이드의 저서인『인생의 회원 재구성』(2004)과『손으로 만든 비애』(2017) 사이에는 이같은 '유언'이 있다. 가장 특징적인 것이 들뢰즈의 시간개념인 아이온(Aion)일 것이다(Deleuze, 1969).

『손으로 만든 비애』에는 들뢰즈에 대한 언급이 여섯 번이나 등장한다. 그 중심은 죽음을 향하는 사람이나 유족의 시간 감각을 다루고 있다. 들뢰즈는 시간에 대한 사고방법을 두 가지로 나누고 있다. 하나는 '크로노스'라고 불리는 시간으로 초, 시, 일처럼 과거, 현재, 미래로 분할된 것으로서 이해하는 관습적인 방법이다. 또 하나는 들뢰즈가 '아이온'이라고 부른 감각, 논리, 담론이다. 이것은 과거, 현재, 미래는 좁게 분할된 범주로 구별하지 않고 서로 물길을 따라 유동적으로 움직이기도 하고, 때로는 물줄기를 거슬러 올라가기도 한다. 과거는 현재 속에 흘러내리고, 미래는 지금을 포함하고 있다. 제7장에서 죽음이 우리들의 일상적인 시간 감각(크로노스)을 차단하는 방법과 죽음이 우리들을 아이온이라는 다른 시간 세계로 이끄는 방법을 탐구하였다.

예를 들어, 앞에서 언급한 2007년의 화이트 추도논문에서 3개의 에피소드가 모두 현재형으로 쓰인 것은 이런 아이온에 의해서 이야기가 전개되는 형식이다. 아이온이라는 시간의 읽기는 무엇인가라는 물음에 그들은 이렇게 대답했다. "우선, 첫 번째는 그것이 많은 언어에서 다양한 동사의 형태로 인식되면서 표현된다. 부정사(infinitive) 형태의 시간은 현재, 과거 또한 미래를 위한 도장은 되지 않는다."(Hedtke & Winslade, 2017) 결국 두 사람은 아이온 간가을 어떻게 활용하고 있는 것인가?

최초의 한 걸음은 유족에게 소중한 고인의 당시 인생에 관한 대화로부터 시작된다. 우리는 다음과 같은 질문으로 애도상담을 시작하는 것을 선호한다. "돌아가신 분에 대해 이야기해 주세요." "그분을 제게 소개해 주세요." "어떤 식으로 그분을 추억하고 있나요?" "그분을 알고 있다는 것은 어떤 느낌인가요?" "당신의 추억 중에 그분의 어떤 것이 눈에 띕니까?" 등이다. 이러한 질문은 '잘가요.'라는 이별의 인사를 염두에 둔 초대가 아니다. 오히려 누군가를 기억 속에 생생하게 담기 위한 '또다시 안녕을 말하기' 위한 초대장이다. 이런 것들은 지속되고 있다는 감각을 구체화한다. 과거가 현재에 흘러 들어오는 것처럼, 이것이 얼마나 의도적으로 구성되어 있는가에 주목해 주기 바란다. 과거라는 시제로 서둘러서 이동하려는 등의 주장을 하고 있는 것이 아니다. 독자 중에는 이와 같은 이야기 방식이 '비현실적'이라고 하는 사람도 있을 것이다. 우리는 현실적이라고 여겨지는 것이 크로노스의 관점으로밖에 표현되지 않는다고 한다면 그것에도 동의한다. 그렇지만 아이온의 관점에서 본다면 이러한 이야기 방법은 이해될 수 있을 것이다.

4. 활주로를 더듬어 찾다

윈슬레이드는 2009년 발표한 '탈주의 비상선을 더듬어 찾다-질 들뢰즈의 철학이 내러티브 실천에 미치는 영향'에서는 이렇게 시작한다.

치료 실천이 적절하고 생기에 넘치기 위해서는 그것은 새롭게 가면서 지속되어야 하며, 기술하고 고쳐가지 않으면 안 된다. 상담자나 치료자, 내담자가 살고 있는 삶의 상황이 끊임없이 변화하며, 그런 삶의 상황을 지배하는 담론도 결코 고정되지 않았기 때문에 지속적인 쇄신은 필수적이다. 치료가 계속 적절하게 이루어지려면, 우리가 일하면서 사는 세상에서 일어나고 있는 사항에 관한 가장 세련된 분석을 지속적으로 제공할 필요가 있다.

들뢰즈에 의해서 내러티브 치료는 어떻게 기술을 다시 고쳐 쓰면서 어떤 탐구 영역을 열어 갈 것인가? 단적으로 말하면, 그것은 치료에서 '사람은 어떻게 살 것인가?'라는 물음을 제시하는 것이다. 이 물음은 '사람이 어떻게 살아야 하는가?'를 물었던 고대 그리스 철학과는 다르다. '사람은 어떻게 행동해야 하는가?'를 묻는 실존적 지향성이 아니고, 그저 '사람은 어떻게 살고 있는가?'라는 관찰자의 질문도 아니다. 윈슬레이드는 들뢰즈의 담론과 맥락이 철학자인 푸코(M. Foucault)와 데리다(J. Derrida)와의 주된 차이를 존재론으로의 감수성에서 찾았다. 물론 그것은 창조보다 발견을, 차이보다 동질성을 추구하는 기존의 존재론이 아니다. 차이의 존재론이다.

마이클 화이트는 푸코의 권력개념을 참조해 가면서 '외재화하는 대화'를 치료 실천에 도입했는데, 들뢰즈에게서도 이것과 같은 치료적 개혁의 영감을 얻었을 것이다. 그렇다면 그것은 그의 어떤 개념이었을까? 논문의 제목에서부터 이미 짐작하고 있겠지만, 그것이 '탈주의 비상선'[1]이라는 것인데 다음의 세 가지가 도움이 되었

---

1) '탈주의 비상선'이란 무엇인가. 『천 개의 고원』에서 처음 나온 개념인데, 『천 개의 고원지대』의 에세이를 응축한 '디알로그'에서 조금 인용해 보자. "개인이든 그룹이든 우리는 여러 가지 선을 만들고 있다. 그리고 그런 선은 각양각색의 본성을 갖추고 있다." (Deleuze & Parnet, 2002) 이러한 3개의 선 중, 세 번째의 것이 탈주의 비상선이다.

다고 한다. ① 여러 가지 모양에 대한 추구, ② 동질성을 앞선 차이, ③ 역사의 비유보다는 지도의 비유를 우선시하는 것이다. 들뢰즈는 물체나 생물, 사건을 포함한 모든 것을 '풀어야 하는, 또는 교차시켜야 하는 선의 집합'이라고 생각하여, 푸코의 권력분석을 참고하여 그 선의 집합을 '다이어그램'이라고 불렀다. 예를 들어, 권력의 선은 그래프 상의 함수의 포물선과 같은 이미지를 가지고 있으며, 사건을 표현하는 일련의 좌표를 통해 특정한 궤적을 그리고 있다. 그리고 이 선은 항상 복수이며, 언제나 투쟁하면서 사람의 생활을 만들어 내고 있다. 전문적 치료는 이러한 다이어그램 속에서 권력의 선을 구부러뜨려서 별도의 장소에 연결하는 탈주의 비상선 (lines of fight)에 도달할 필요가 있다고 말한다. 바꾸어 말하면, 화이트가 참조한 푸코와는 다른 표현을 내러티브 치료에도 추구할 수 있다고 생각했다.

제시된 사례를 읽는 것이 도움이 될 것이다. 이 사례는 대립을 주호소로 방문한 제임스와 메리아라는 젊은 커플의 이야기이다. 5년간의 관계는 제임스가 대학생 때 만난 다른 여성과 이메일로 부적절한 온라인 관계를 지속하고 있다는 것을 메리아가 알게 되어 상

"우리들을 합성하는 제1종의 선은 분절현상이 있어서 절편적 다양체를 구성한다. 예를 들어, 가족, 직업, 일, 휴가, 가정 그리고 학교, 군대, 공장, 퇴직이라는 것처럼…… 우리는 그것보다 훨씬 유연한 이른바 분자 상태의 분절로부터 만들어지는 여러 개의 선도 있다. …… 세 번째 선처럼, 늘려 가면서 색다른 선을 만들 수도 있다. 마치 우리들의 분절을 익숙한 것처럼, 그리고 우리들의 투쟁에도 익숙한 듯이, 미지의 예측할 수 없는 미리 존재하지 않는 목적지를 향해 우리를 어디론가 옮겨 주는 것처럼 말이다. 그 선은 단순하며 추상적이다. 그럼에도 그것은 모든 선 중에서 가장 복잡하며 뒤틀린 선이다. 이것은 중력선 또는 민첩한 선이다. 이것은 비행에서 가장 급경사를 가진 선이다."

처를 받고 배신당하며 끝이 났다. 제임스는 온라인상의 외도를 하지 않겠다는 것에는 동의했지만, 그들은 수개월 동안, 이 문제의 의미에 대해 계속 싸우고 있다. 제임스는 '어떤 선을 넘지 않는다면, 여성과 친구가 되는 것은 자유다.'라고 권리를 주장하는 한편, 메리아는 '쉽게 용서할 수 없는 사람'이라는 권력선을 주장하면서 그의 전화나 이메일의 연락처를 감시할 권리를 요구하는 것은 당연하다고 생각했다. 두 사람의 권력선은 모두 저항하면서 떠돌고 있었다. 따라서, 윈슬레이드는 그들이 주장하는 그 같은 권력과 관련된 선을 따라가면서 교차점의 정신적 다이어그램을 만들어 내어 그것들의 관계에서 권력관계의 영향을 지도화했다. 그리고 두 사람의 투쟁은 막대한 에너지가 필요하여, 그 밖의 중요한 관계는 손상되고 있다는 점을 명확히 했다. 그리고 나서, 지난 반년 동안 두 사람은 이런 문제를 어떻게 극복해 왔는지에 대해 물었다. 어떤 관계성의 노하우가 희망으로서 그들을 지지하는 것이 가능했으며, 그들 관계에 생명과 활력의 원천은 무엇이었는지 등에 관한 질문을 했다. 이와 같은 면접 과정은 들뢰즈의 관점으로 말하면 얽힌 권력선의 어디에서 탈주의 비상선을 그을 수 있을까이며, 화이트의 관점으로 보면 '潛(잠기고), 在(있다)'에 의한 대안적 설명의 탐색이라고 볼 수 있다.

그 후 제임스와 메리아는 얼마간의 활기와 놀람을 교환하고 나서, 둘 사이의 관계에서 오는 기쁨에 대해 언급하기 시작했다. 그들은 다른 사람들이 자신들을 어떻게 보고 있는지에 대해 이야기하였고, 각각의 가족이 자신들을 파트너로서 어떻게 지원했으며 가족의 일원으로 포함시켰는지에 대해서 말했다. 이러한 측면에 대해 이야기함으로써 권력투쟁의 문제는 해결되지 않았지만, 다른 맥락을 가지게 된 두 사람은 보다 즐겁게 틀림없는 상호적인 관계의 측면을 생각해 냈던 것이다. 이러한 전개는 들뢰즈의 관점에서 말해 보면, 접어 넣고, 비틀고, 옷자락을 따라 전형화된 과정을 기술하는 '의복'의 은유(Deleuze, 1988)이며, 화이트 식으로 표현한다면 외부인증자에 의한 대안적 설명의 탐색이라고 볼 수 있다. 그 후 새로운 의복(그리고 탈주의 비상선)을 추구하여 그들은 두 사람의 관계에 대한 신뢰와 신앙을 회복하기 위해 무엇이 필요한가를 찾기 시작하였다.

마지막으로, 아이온과 탈주의 비상선의 관계에 대해서 헤트카와 윈슬레이드가 이미 언급하고 있는 것을 함께 나누려고 한다.

하여간, 현재와 과거의 사이에 명확한 구별을 유지하는 것보다 아이온의 논리, 과거가 현재 속에 산다는 의미를 받아들인다. 들뢰즈에 의하면, 죽음과 같은 사건이 어떻게 하여 '아이온을 따라서 연장'되는가(Deleuze, 2007)에 대해 말하고 있다. 이제 더 이상 살아 있지 않은 사람은 어떤 하나의 감각, 즉 아이온 감각에 의해, 우리들의 마음에서 계속 살아가고 있는 것은 아닐까?

(Hedtke & Winslade, 2017)

제13장
페기 펜과
톰 안데르센

1. 페기 펜이라는 인물

글쓰기 작업과 반영 과정을 연결한 페기 펜은 가족치료라는 영역에서 강한 이미지를 남기기보다 계속해서 부드러운 빛을 비추어 온 존재이다. 번역되지 않았지만 가족치료의 중요한 문헌(McNamee & Gergen, 1999; Anderson & Gehart, 2007; Anderson & Jensen, 2007)에는 매력적인 논문들이 실려 있는데[1], 예를 들어 할린 앤더슨도 저서 『대화, 언어 그리고 가능성』의 일본어판 서문에 굴리시안(H. Goolishian)의 업적을 칭송했던 펜의 다음과 같은 시를 인용했다.

Come to the edge!	끝까지 가자!
No, it is too high!	아니, 이 벼랑. 너무 높잖아!
Come to the edge!	끝까지 가자!
No, we might fall!	아니, 떨어질 것 같아!
Come to the edge!	끝까지 가자!
And we came to the edge,	그래서, 우리들은 가 봤다.
and he pushed us,	그때, 그는 뒤에서 밀었다.
and we flew!	그러자, 우리는 하늘을 날았다!

---

1) 각 저서에는 다음과 같은 논문이 실려 있다.
   A circle of voice; in *Relational Responsibility*. (McNamee & Gergen, 1999, Sage Pub.)
   Listening voices; in *Collaborative Therapy*. (Anderson & Gehart, 2007, Routlege)
   Flashbacks in war; a consultation with reflections; in *Innovations in the Reflecting Process*. (Anderson & Jensen, 2007, Karmac)

20대에는 영화배우로도 활약했었고 시인이기도 한 펜이 어떻게 임상 영역에 발을 들여놓았는지에 대해서는 명확하지 않다. 1931년에 태어난 펜은 1960년대 당시에는 대부분의 임상가가 그랬듯이 먼저 정신분석 훈련을 받았고, 그 후 가족치료로 눈을 돌렸다. 이 분야를 함께 열심히 연마했던 동료는 1976년부터 애커먼 연구소(가족치료 초창기의 미국 동부를 중심으로 활동한 기관)에서 함께 일한 린 호프만(Lynn Hoffman)이었다. 베이트슨(G. Bateson)의 사상에 매력을 느낀 펜은 호프만과 함께 그의 이론을 그대로 임상에 적용하려고 노력한 밀란(Milan)파에 관심을 가진다. 1980년대 전반에 애커먼 연구소에 잠시 적을 두었던 보스콜로(L. Boscolo)와 체친(G. Cecchin)(역자 주: 밀란파를 만든 4명 중 2명)과 연구와 실천을 함께 진행하였다. 그리고 그런 작업은 그들과 공저한 『가족면접을 권유하는 방법 – 밀란파의 체계론적 치료의 실제』(Boscolo, Cecchin, Hoffman & Penn, 1987)로 결실을 맺기도 했다. 이 시기의 활동은 순환적 질문기법을 미래에 대한 대화로 이어가도록 하는 독자적인 '미래 질문(future questions)'[2]으로 발전시키는 것이었는데, 그런 과정을 통해 언어는 항상 그녀의 관심 대상이었다.

1990년대 초반에 접하게 된 사회구성주의는 이 같은 펜의 임상 활동 전반의 작업을 '구성주의자로서의 지향성에 통합'(Penn, 2009,

---

2) 밀란파의 순환적 질문을 토대로 만성질환의 환자와 가족에 관여했던 펜이 독자적으로 전개했던 『미래 질문(Future Questions)』 'Penn, P. (1985). Feed-Forward: Future questions, future maps. *Family Process, 24*, 299-310)'은 열린 대화와 함께 주목을 받았던 톰 아킬(Tom Erik Arnkil)의 '예상되는 대화(Anticipation Dialogues)'에도 큰 영향을 미치고 있다.

p. 13)으로 이어 가게 되었고, 그것들은 후반 작업에서는 더욱 자신만의 고유한 것으로 발전시켜 가는 데 큰 역할을 했다고 그녀의 저서에서 강조하고 있다. 면담과정을 현실이나 정체성이 얼마나 언어적인 상호작용에 의해서 생성되어 가는가에 대한 관점으로 이해하는 것은 그녀에게는 '참여적 텍스트(participant text)'의 협동적 창출로서 임상을 바라보는 것과 연결되어 있었다. 언어를 사용하는 형식 중에도 글쓰기 작업이 클로즈업되어 있는 것은 같은 시기에 시인으로서도 활동을 병행하면서 2권의 시집을 출간했던 펜에게는 필연적인 것이었을지도 모른다(Penn, 2001, 2011). 그러나 펜이 글쓰기 작업을 토대로 자신만의 스타일, 즉 '언어와 글쓰기 프로젝트(language & writing project, 이하 글쓰기 프로젝트)'를 구상하고 추진하는 데는 그것을 실현하도록 지지했던 톰 안데르센과의 교류가 많은 영향을 미쳤을 것이다.

그녀에게 안데르센은 단순한 가족치료의 동료 중 한 사람이 아니라 특별한 존재이며, 직업적인 관계를 뛰어넘은 베스트 프렌드였다는 사실은 저서 『연결된 상상력(Joined Imagination)』의 헌사에서도 찾아볼 수 있다. 그리고 지속적으로 이어온 시의 창작 활동과 반영 과정과의 만남은 '참여적 텍스트'를 만들어 낸다는 펜의 발상을 실천으로 연결시켰을 것이다. 그것에 그치지 않고 '예전부터 보았던 그 어떤 치료자보다 주의해 듣는 것이 가능한 숙달된 청자'인 안데르센에 대한 경의와 신뢰 그리고 왠지 모를 동류의식과 같은 공감과 우정이 펜의 작업뿐 아니라 인생을 풍부하게 만들었다는 것은 그녀의 저서 곳곳에 스며 있었다.

2. 안데르센에서 펜으로

펜과 안데르센이 만난 것은 호프만과 펜이 밀란파의 보스콜로, 세친과 함께 활동을 하던 애커먼 연구소 시절인 1982년 전후였다. 구조적 · 전략적 스타일에서 벗어나 밀란파에 친근감을 가지게 된 안데르센 그룹이 이들과 교류를 원하여 노르웨이에서 뉴욕을 방문하면서부터이다. 안데르센이 반영팀을 시작한 것은 1985년이었는데, 그 후 노르웨이를 방문한 호프만과 펜에게 이런 '발견'에 다소 들떠서 말하던 안데르센의 모습이 펜에게 선명한 기억으로 남아 있었다(Roberts, 2009b). 빈번한 만남을 통해 서로를 자문에 초대하면서 두 사람의 관계는 더욱 돈독해졌다.

애커먼 연구소를 떠나서 애머스트로 옮긴 호프만은 안데르센 그룹의 실천을 가족치료의 계보에 포함시키면서 그녀의 명석함으로 이론적 틀을 만들어 갔다. 한편, 펜은 반영 과정의 실천적 매력 그 자체에 빠져서 자신의 임상과 연결하려고 추구하면서 안데르센이 관여하는 여러 현장에 함께 동행하기도 했다. 그중에서도 그녀는 반영 과정의 가능성을 경험한 것으로서 스웨덴의 가르마에서 안데르센과 현지의 사회복지사인 주디 와그너(Judy Wagner)가 수형시설 내의 수감자들과 함께했던 반영 과정의 시간을 들고 있다. 거기에서 있었던 일을 다음과 같은 기록으로 남겼다.

> 톰과 주디는 교정시설에서 계속해 오고 있는 이러한 작업에서 수형자들의 대화에 교도관들도 참여하도록 결정했다. 교도관이 말하고 수감자들이

그것에 대답했는데, 교도관이 수형자가 말하는 이야기의 증인이 되려고 앉아 있는 교정시설이 또 어디에 있을까? 교도관에게는 수형자가 말하는 이야기의 관찰자가 되는 기회가 제공되는 것뿐만 아니라, 대화를 통해 드러나는 주제가 수용되어 있는 사람들과 톰 사이에서 충분히 서로 이야기를 나눈 후에, 그것에 대해 교도관들도 이야기할 수 있는 공간을 마련해 주었다. 나는 수형자와 이야기할 때도, 교도관과 이야기할 때도 유사한 사고방식을 적용하면서도 다르다는 이 같은 상이성이 흥미롭다고 생각했다(Penn, 2009, p. 15).

주디와 남성들과의 대화 자세는 지금까지와는 다른 기술방식을 추구하는 듯이 진행되었다. 그것은 그녀와의 대화 속에 그들을 머물게 하는 것, 때로는 이야기를 계속하는 것을 중시했다. 말하고 있는 중에는 새로운 것이나 지금까지의 것도 포함하여, 예전의 자신은 결코 그렇게 생각하지 못했던 것에 대해서 탐색하고 대답하는 자유가 그들에게 주어졌다. 그리고 그들은 그런 상황 속에서 안전했다.

그리고 펜은 수형자가 자신이 했던 것을 '기억하지 못한다'는, 자주 보이는 반응조차 반영 과정에서는 충분히 대응해 가는 것을 충격과 함께 목격한다.

주디는 '연결된 상상력'을 통해서 그(수형자)와 범죄 장면을 함께 바라볼 수 있다는 것을 제시해 주었다. 그들은 하나가 되어, 그 광경을 그림처럼 바라보면서 그 곁에 머물렀다. 거기에는 기억에 남아 있는 각각의 순간에 그가 한 것을 정확하게 다시 바라볼 수 있었으며, 그 여성(피해자)의 반응을 살피는 것도 가능했다. 격직된 플레임의 이야기를 계속 진행해 가면서 범죄가 일어났던 것을 응시하면서도, 그렇지만 지금이라면 무엇을 하고 싶을까를 포함한 아이디어를 끌어내는 것이 가능했다. 그녀가 "어디에서, 어떻게, 그는 그 행동을 멈추려고 하나요? 그리고 어떤 다른 것을 기대하고 있나요?"라는 식의 질문을 해 나갔다. 잠시 마음이 불편한 듯한 상태를 보였던 수형자가 그것에 계속 머무를 수 있었던 것은 두 사람이 '함께' 그 범죄를 보고 있기 때문이라고 그녀는 말했다. 반영 과정에 의해 가지고 온 책임감, 가능성의 감각과 함께 양심이 모습을 드러내고, 그들은 같은 장소에 도착할 수 있었다. 그때 나 역시 상상력을 그들에게 연결시키면서 긴장하여 입이 마르기도 했다. 그의 표정도 긴장되었으며 눈물을 흘리지는 않았지만 눈동자는 젖어 있었다고 주디는 말했다.

베이트슨의 '이중 기술은 결국 복수의 기술을 비유하는 것이라는 점을 분명히 알게 되었다' 새삼 느끼면서, 자신의 면담과정을 어떻게 '다중 기술(multiple descriptions)'을 추구해 갈 것인가를 생각하던 펜에게는 이 같은 긴박한 반영 과정의 현장에 함께 있을 수 있었다는 것 자체가 커다란 축복이었을지도 모른다. 주디, 안데르센과 공유되었던 '연결된 상상력'이라는 단어를 자신의 저서 제목으로 그대로 사용했다는 점에서 그것을 짐작할 수 있다.

이러한 경험을 쌓아 가면서, 펜은 마릴린 프랑크푸르트 등과 애커먼 연구소에서 글쓰기 프로젝트를 시작하여 독특한 작업으로 전개해 갔다. 그것은 내담자와 가족에게 미리 편지를 작성해 달라고 부탁한 후 면담과정에서 읽어 가는 방법이며, 때로는 반영팀이 피드백을 더해 가는 스타일의 임상실천이었다. 이처럼 글쓰기 작업과 반영 과정은 펜의 임상에서는 연결되어 있어서, 없어서는 안 될 토대가 되었다.

3. 펜에서 안데르센으로

안데르센 역시 글쓰기 작업과 반영 과정을 함께 사용하는 것을 선호했었다는 사실은 그가 사망하기 직전에 마조리 로버츠를 포함하여 펜과 3명이 교환했던 이메일 내용에 잘 기재되어 있다. 자신도 치료적 대화의 맥락에서 글쓰기 작업에 도전해 온 로버츠는 3인의 대화에서 글쓰기 작업이 대화와 반영 과정을 어떻게 널리 확장될 수 있는지를 모색하려고 했다(Roberts, 2009b).

그런 가운데 안데르센은 글쓰기 작업과 반영 과정의 명료한 어울림을 지적했다. 반영 과정을 '멈춤'과 '다시 생각하기'로 받아들이려고 한 안데르센은 작성된 것을 읽어 내려가는 것 자체가 풍부하게 되어 반영 과정이 될 수 있음을 인정했다. 글쓰기 작업은 자기 또는 상상한 타인과의 대화이다. 사람들은 먼저 쓰기 위한 언어를 선택한다. 그리고 작성한 것을 소리 내어 읽음으로써 그것은 이야기하는 언어가 되어 다시 그 사람에게 되돌아온다. 각각에 놓여진 '멈춤'이나 '다시 생각하기'야말로 그에게는 반영 과정을 성립시키는 요건이었기 때문이다.

글쓰기 작업과 반영 과정은 펜에 의해서도 지속되었다. 작성한 것을 공유하여 그것에 응답하는 것에 대해서, 예를 들어 그녀는 내담자가 눈물 때문에 편지를 읽기 위해 우물쭈물하는 시간을 기다리는 것의 의미를 다음과 같이 묘사하고 있다.

그녀는 우는 것에 소비한 시간이 중요하며 자신의 내적 사고와 마찬가지로, 이러한 눈물 속에서 그녀의 내적 사고가 활성화된다는 것을 알게 되었다. 우리들의 소리는 하나가 되어 새로운 대화가 태어나며, 새로운 말하기 형태가 생겨날 것이다. 그것은 사실이었다. 지금, 나는 다른 질문을 하고 그녀는 다른 대답을 하면서 우리들은 더욱 앞으로 나아간다. 누군가가 이야기하거나 울거나 침묵하고 있었던 때에 일어나는 나 자신의 내적 대화의 중요성을 이를 통해 배웠다.

(Roberts, 2009)

글쓰기 작업과 반영 과정을 거듭하는 것에서 '멈춤'과 '다시 생각하기' 그리고 '내적 대화'는 보다 다양하게 서로 엮어지면서 새로운 소리로 태어났다. 복수의 자기가 묘사되고 복수의 현실이 유지되는 그 모습은 '내러티브의 복수성(narrative multiplicity)'이라는 형태로 펜의 임상실천의 초점이 되고 있었다. 안데르센은 펜을 어떻게 사로잡았던 것일까? 그것은 『대화, 협동, 내러티브』(Malinen, Cooper, Thoms eds., 2012)의 안데르센의 집필부분에 그녀에 대해 언급했던 것에서 추측할 수 있다.

글쓰기 프로젝트를 '선험적 일'로서 높이 평가하면서 펜이 자신과 마찬가지로 '언어에 전념'하고 있다는 점을 여러 번 언급했다. 그리고 그녀가 착안한 사람들 속에 있는 세 종류의 소리라는 것에 공감하고 있다고 밝혔다. 이 책에서 안데르센이 제시하고 있는 사례는 펜에게 지도를 받는 애커먼 연구소 스태프인 치료자의 것으로, 그가 자문가로서 합류한 뉴욕에서의 실천이었다. 이를 통해 그들이 서로의 일에 얼마나 영향을 주고받았는지를 잘 알 수 있었다. 앞에서 언급한 로버트를 포함한 3인의 메일 교환의 내용 중에 자신의 사례 제시의 분량이 지나치게 많다고 염려하는 펜에게 안데르센은 그 모든 것을 그대로 남기도록 강력하게 요청하는 모습이 유언처럼 남아 있다. 이런 것을 통해 안데르센이 그녀의 임상실천에 대해 얼마나 깊은 신뢰를 가지고 있었는지 엿볼 수 있다.

4. 펜과 안데르센

1년에 한두 번은 뉴욕에 가서, 펜의 글쓰기 프로젝트를 도왔던 안데르센의 자문은 사례의 면담과정에 직접 합류하거나, 인터뷰를 하는 방식으로 반영 과정을 전개하기도 했다. 『연결된 상상력』의 제7장 '소리의 원형(A Circle of Voices)'[3]은 안데르센에 의한 자문 과정을 그대로 기술한 아름다운 마지막 장이다. 안데르센에 의해 전개되고 있는 것은 글쓰기 프로젝트에 참가한 두 명의 남성—두 사람 모두 에이즈에 걸려서 남은 삶의 시간이 많지 않다는 것을 통보받은 토니와 안소니 커플—의 자문이었다. '원형을 이룬 소리가 사후에도 더욱 내담자 속에서 삶을 확장할 것이라는 관점을 환기시킨' 이 자문을 조금 소개해 보려고 한다.

9년 전, 같은 날 에이즈에 걸린 것을 알았던 두 사람은 사랑하면서 서로를 보살피고 싶다는 마음으로 결혼을 결심했다. 그러나 자문의 시점에서는 이별은 필연처럼 보이는 상황이 되었다. 토니는

---

3) 『연결된 상상력』(2009)의 제7장 'A Circle of Voices'는 1999년의 『Relational Responsibility』에 실린 같은 제목의 논문을 대폭으로 수정한 증보개정판이다.

죽기 전에 혼자이기를 바라면서, 자신은 더 이상 관계를 변화시킬 수 있는 힘을 가질 수 있다고 생각하지 않았다. 한편, 이별은 어렵다고 느끼는 안소니는 관계의 변화를 지속적으로 요구하고 있었다. 펜과 동료들은 지금 그들이 헤어지면 누가 그들을 돌볼 것인가라는 것에 대해 진지하게 고민을 계속했으나, 어떻게 해야 할지 몰라서 안데르센을 자문가로서 초대했다.

그날 내담자들은 서로에게 보내는 편지를 가지고 있었고 그것을 소리를 내어 읽어 갔다. 토니의 편지에는 두 사람이 서로의 연약함이나 결함으로 상대를 원했기 때문에 그것에서 파생되는 복잡함과 갈등이 있었고, 결국에는 고독하게 되었다는 것과 혼자서 죽을 수밖에 없다는 것에 대한 공포를 표현하고 있었다. 안소니의 편지에서는 소년시절의 아버지에게 당한 성적 학대와 어머니로부터 도움을 받지 못한 것에 대한 상실감 그리고 그 아픔은 매일 밤 토니가 자신을 두고 나갈 때마다 반복하여 되살아난다는 것을 적고 있었다. 그리고 무엇보다 배경에 자리 잡고 있는 그들의 건강상태는 각자에게 절박해 보였다.

펜은 이런 모습을 '그들의 관계는 산이 베어져 나간 고독한 섬과 같았다. 거기에는 경작할 수 있는 평평한 토지는 없고 무언가를 기른다고 해도 그것은 다음 계절일 것이다. 다음 해가 있는지는 의문이 있지만. 그것이 톰과 내가 그날 느낀 것이었다.'라고 기억한다. 삶과 죽음에 직결된 긴밀한 대화는 그 자리에 있는 모든 사람의 마음을 압도했고, '우리의 개인적인 과거도 계속하여 되살아났다. 그것이 톰에게 일어나고 있는 것을 내가 볼 수 있었다. 그리고 내게도 같은 것이 일어나고 있다.'.

펜은 독자들이 이 시간에 대해 '지향하는 모델에 따라, 치료자와 자문가가 면담을 마친 후 협의하여 치료자는 자문가의 새로운 견해를 받아들이고 수일 후에 그것을 가족에게 공유하는' 일반적인 자문과는 전혀 다르다는 점을 유의해야 한다고 강조했다. 거기에는 말하는 것에 서로 대답하고 그때 느끼는 자신의 감정에 깊은 주의를 기울이면서 그 이야기의 부분이 되어 가는 철저한 경청의 방법이 요구되고 있다. 이러한 자문에서는 내담자들은 그 장소가 있기 편한 곳이어야 함과 동시에 치료자/자문가가 그 장소가 가지고 있는 힘에 관심이 쏠리고 있었다. 세심한 배려를 통해 의미가 생성되는 이러한 모습을 '소리의 원형'이라고 부른다. 펜은 안데르센과 함께 추구하는 실천은 이런 것을 목표로 하면서 거기에 녹아들어 가는 것이라고 묘사한다. 이런 상황, 즉 '그들이 누워서 휴식을 취할 수 있는 언어라는 해먹을 만들어 주는 것'이 이루어질 때, 상실을 정확히 받아들이는 것은 오히려 그 장소에 있는 사람들을 보다 강하게 연결시켰다. 그녀는 거기에는 분명히 눈물이 있었지만, '그들은 어딘가 행복한 듯이 보인다.'고 기술하고 있다.

각각의 현실적인 건강상태를 확인하고 나서 후반의 대화에서도 안데르센은 주의 깊은 배려와 함께 탐구심이 넘치는 질문을 이어 갔다. 지금은 그저 자고 싶다는 토니에게 "그것은 꿈이 있는 잠인가, 아니면 없는 잠인가요?"라고 물었고, 그가 모르겠다고 대답하자, "당신에게 어느 쪽이 최선일 것 같으냐?"고 질문을 이어 갔다. "두 사람의 관계가 영원히 지속되는 것은 가능할까?"라는 질문을 하자, 안소니는 먼저 죽는 쪽이 재를 나중에 죽는 사람의 그것에 섞기 위해서 가지고 있고 싶고, 그 재가 뿌려질 장소에는 진달래를 심고 싶다는 이미지를 언급했다. 그러자 톰은 "만약 진달래나무가 노래를 부를 수 있다면, 그것은 무슨 노래일까?"라는 질문을 거듭해 갔다. 그리고 마지막에는 내담자들이 안데르센에게 '당신이 지금 생각하고 있는 것'에 대해 물었다. 안데르센은 "내게는 ……언어가 발견되지 않는다. ……확실히, 여기에는 슬프고…… 그리고 아름다운 말이 있는 것 같은 기분은 들지만."이라고 대답했다. 두 사람은 끄덕이고 그들에게 부합하는 인식과 이해에 감사하면서 자문은 마쳤다.

펜에게 있어서 안데르센은 '서로의 질문 모드에 최대한의 민감성을 유지하면서 그 장소에 함께 있는 것이 가능했으며, 주된 화자가 된 다른 한 편을 편하게 지지하는 것이 가능한' 그런 상대이며 존재였다. 반영 과정이 '다중 기술'이나 '내러티브의 다양성'이라는 그녀의 임상지침을 유지하며, 시인으로서 숙지하고 있을 법한 글쓰기 작업의 가치를 임상과 연결하는 데 부족함이 없는 방법론이었다는 것을 확인할 수 있을 것이다. 그런데 안데르센과의 사이에 있었던 것은 단순한 방법론의 공유는 아니라, 조화롭게 서로에게 울리고, 서로 녹아들어 가는 것처럼 보이면서도 사라지지 않고 확실히 남겨진 그곳의 소리를 서로 듣는 시간 그 자체였다. 존재를 걸었던 농밀한 시간은 개개인의 사례 검토나 대처를 초월한 임상가 자신의 귀를 연마하고 소리를 맑게 하여 음역대를 넓히는 일이기도 하다. 여기에는 임상가가 서로를 성장시키는 내러티브 자문의 또 하나의 행복한 형태가 있다.

5. 시인 페기 펜

『연결된 상상력』에서는 각 장의 내용과 잘 어울리는 듯한 펜의 시가 각 장 마지막에 담겨져 있도록 구성되어 있다. 앞에서 언급한 자문의 예를 언급한 마지막 장인 「소리의 원형」에는 다음의 시로 마무리하고 있다.

5월의 저녁 때

우리 집의 누군가가 잔디를 깎고 있다
우리 집의 누군가가 집어넣었던 지갑을
찾는다
우리 집의 누군가가 접시를
닦는다
우리 집 누군가가
개를 데리고 나가다
우리 집 누군가가
신체의 골격을 촬영하다
우리 집 누군가가 하품을 하여

시계를 신경을 쓴다
우리 집 누군가가
방사선을 쬔다
아주 한순간에

어떤 날의 일을 기억하고 있다
지금처럼 따뜻한 그때
배꼽시계에 새겨진 어느 날

처량하게 버려진 바람
부추기는 나뭇잎들
싹은 아직 단단하고
창백하고

차의 문이 닫히는 소리를 들었다

덜커덩과
모두 어딘가에 가려고 하고 있다
나를 뺀 채
주어진 벌

길에는
오월의 꽃이 흐드러지게 피다   나는 아직
아스팔트 길가에   어딘가에 가려고 하고 있다
방황하다   정든 창가에 앉아서
다음의 한 걸음을 찾으면서   두 번 다시 돌아오지 않을

(Penn, 2001, p. 88; 2009, p. 135)

시의 왼쪽은 평범하지만 다양한 가족의 모습이 그려져 있다. 그러나 계속 반복되고 있는 말을 통해 함축된 내용과 어긋남이 조금씩 증폭된다. 엑스레이가 한순간에 뼈까지 찍어서 그 안을 드러내는 것처럼 노출하는 듯, 아무 일도 일어나지 않은 일상 속에서 불편함이나 의문이 언제나 거기에 공존하면서 가끔 살짝 모습을 드러낸다. 5월의 거리를 걷는 발걸음은 가벼워 보이지만 사실은 정처 없는 방황이기도 하다. 그것을 말하는 왼쪽의 소리는 어딘가 높은 곳에서 냉정함을 지닌 채 들려온다.

한편, 오른쪽 부분은 신체 내면에서 흘러나오는 끈적한 어떤 소리가 글자 자체의 감각과 뒤엉켜서 젖어 있다. 편안하게 쉬는 어느날, 주위의 낌새는 무겁다. 나와 가족 사이에는 거리가 있다. 내가 어떤 것을 선택하고, 가족들은 그것에 대해 벌한다. 그래도 나는 어딘가를 향한다. 그것은 주위에서 나무랄지언정 향할 수밖에 없는 곳이다. 나는 접시를 닦고 개를 데리고 산책을 가는 장소에 계속 머무른다. 그렇지만 같은 시간은 두 번 다시 돌아오지 않는다.

이런 식으로 왼쪽과 오른쪽을 나눈 구성이나 활자체를 활용한 시는 기분 좋은 5월의 저녁에 있음직한 광경 속에 얼마나 많은 소

리가 동시에 스며들어 있는지를 표현하고 있다. 왼쪽과 오른쪽은 서로 교대로 부르는 것처럼 하나의 시로서 서로 녹아들어 가고 있다. 그렇지만 거기에는—우리들에게는 또는 우리들의 삶의 세계에는—사라져야만 하는 다른 소리가 존재하고 있다는 것이 명확하게 드러난다. 안데르센과의 자문이 그랬던 것처럼, 각각의 소리는 원이 되어 서로 울리고, 무언가를 힘주어 전하려고 하는 것을 내려놓은 채 단지 거기에 있다. 펜이 추구하려고 한 '다중 기술', 흔들리지 않고 응시했던 '내러티브의 다양성'이란 이처럼 무수하게 있을 것 같은 우리들의 상태와 거의 겹쳐지는 언어일 것이다. 그것을 그대로 꺼낸 이 시도 단지 거기에 놓여 있을 뿐이다.

제14장

텍스트, 내러티브, 임상: 또다시 '글쓰기 작업'을 둘러싸고

1. 비유로서의 에크리튀르

어느 날, 고모리 씨로부터 삶이 얼마 남지 않아서 시력의 기능도 떨어진 환자가 "시라면 읽어 보고 싶다."라고 말한 것을 듣고, 여러 편의 시를 건넸다는 이야기를 들었다. 그때 나는 "한정된 시간에, 한정된 시력으로, 읽는 시의 언어에는 어떤 울림이 있을까?"라고 말했던 기억이 있다. 맥락에서 본다면, 이 대답은 말할 필요도 없이 얼마 남지 않은 생명과 시력이 한정되어 있는 환자에게 시가 어떻게 받아들여질 것인가를 전하는 것 같다. 그러나 이 말은 음미해 갈수록 부각되는 다른 의미가 내게 남는다. 원래 우리 모두는 '한정된 시간'을 살고 있으니까, 넓게 본다면 빈약한 '한정된 시력'밖에 가지고 있지 않은 셈이다. 그러한 우리들에게 시란 무엇일까……. 이처럼 누군가에 대해서 말했던 이야기는 언젠가 자신에게 되돌아와서, 불현듯 다른 것을 말하기 시작한다.

글쓰기와 쓰인 것, 즉 에크리튀르(écriture)가 이러한 맥락에서 실체를 드러내고, 인용하고, 복제되면서 그때마다 자유자재로 의미를 감쌀 것이라는 점을 강조한 사람은 쟈크 데리다이다. 말하는 사람이 거기에 있으면서 무언가를 말하는 지금, 여기의 소리로서 파롤[Parole, 역자 주: 프랑스 언어학자 소쉬르(saussure)의 용어로 언어 중에서 개인적이며 일회적인 요소로 된 부분]과 에크리튀르를 대비시켰다. 에크리튀르에 힘을 실어 주는 것처럼 보이는 데리다의 행동은 사실 파롤과 에크리튀르라는 두 개의 대립 그 자체에 대한 탈구축이었다는 것이 중요하다. 데리다는 파롤과 에크리튀르 두 개를 제시했는데, 그중 에크리튀르의 우수성을 강조하려 했던 것은 아니다. 언어와 그것에 입각한 세계가 당연히 에크리튀르의 형태를 가지고 있다는 사실을 일깨워 주려고 했던 것이다.[1]

이런 탈구축은 내러티브 자문에서 지금까지 소중하게 여겨 왔던 글쓰기 작업에 대해서도 그대로 연결되고 있다. 그것은 방법 또는 활동으로서 글쓰기 작업의 가능성을 인정하고, 자문에 포함시키려고 하는 것이다. 그렇지만 동시에 쓰는 것/에크리튀르는 언어가 세상을 파악하고 계속 재편해 가는 것처럼, 있는 그대로 찍어 낸 말에서는 없는 창출된 언어로 형성되는 존재의 방법, 그 자체를 지칭한다. 이러한 함의를 임상에 연결하려는 의도가 우리들이 글쓰기 작업을 추진하는 근간을 이루고 있다.

데리다는 언어에 몇 개의 (복수의, 다양한) 의미가 내재되어 있는 '다양성'과 대비하여 의도를 명확하게 가지는 에크리튀르의 모습을 '파종(dissémination)'이라고 표현한다. 말하기, 문장, 의사소통이 품은 언어의—따라서 현실의—생성적인 복잡성을 잘 전달하기에는 '파종'은 정말 알맞은 표현이라고 생각한다. 언어는 씨가 퍼지는 것

---

1) 데리다는 에크리튀르의 학문으로서 그라마톨로지(grammatology)를 전개하는 저서에서 '이야기하기의 모든 의미에서 에크리튀르는 언어를 포괄하는 것이다.'고 언급하고 있다. 말년에 언어 행위론에 대한 비판을 받으면서도 이것에 관해 다음과 같이 언급하고 있다. "내가 입증하고 싶은 것은, 에크리튀르의 고전적인 협의의 개념에서 인정할 수 있는 여러 특징이 일반화될 수 있다는 것이다. 이러한 특징은 '기호'의 모든 차원과 모든 언어행동 일반에 해당하는 것이 아니라, 기호, 언어적 의사소통을 초월한 곳에서 철학이 경험이라고 부르는 분야, 때로는 존재의 경험—즉, 앞에서 언급한 것처럼 『現前』—이라고 불리는 분야에도 다 같이 해당하는 것일 것이다."

처럼 어딘가에 발아하기 위해 떨어진다. 우리는 씨가 어떻게 날아가서, 무엇을 피우면서 결실을 맺을지에 대해서 예측할 수는 없다. 언어가 가진 의미의 근원은 없고, 표현하는 사람이 그것을 고정시킬 수도 없다. 언어 밖에 있는 어떤 구조가 그 의미를 정하는 것은 아니다. 그것은 흩어져 없어지는 것처럼 떠도는 움직임 가운데 보이는 어긋남이나 차이 속에서 항상 나중에 드러나고 사라진다. 글 쓰는 작업/에크리튀르란 그와 같은 '차연(différence)'과 비접촉성을 피할 수 없는 세계를 가리키고 있다(Derrida, 1967, 1968, 1971, 1990).

사회구성주의의 큰 물결을 빠져나온 지금, 언어와 현실을 이러한 의미의 지연이나 생성으로 이해하는 것은 어려운 일이 아니다. 곤란이나 고민을 해결하는 것을 위임받고, 변화와 완화, 회복을 지향하는 임상의 현장은 '흩어져 없어지는', 즉 에크리튀르로서 세계를 비결정성으로 파악하는 것도 친화적이다.

그렇지만 글 쓰는 작업을 둘러싼 다음과 같은 주장은 다른 각도에서 또다시 우리의 발걸음을 멈추게 할 것이다.

'글쓰기'는 특권적인 행위이다. 글을 쓰는 사람은 글을 쓰는 작업에 의해 자기와 다른 사람을 드러낸다. 게다가, '글쓰기' 작업은 특권적인 것인 동시에 초월적 권위의 행위이다. …… 다른 사람에 대한 일방적인 표상의 문제이다. 그때 침해당하는 것은 타인에 의해 일방적으로 드러나 버린 사람의 권리, 그중에서도 그/그녀들 스스로 자신을 드러낼 권리에 관한 것이다. 따라서 '글쓰기' 행위, '글 쓰는' 작업에 의해 다른 사람을 드러내는 행위는 지배의 한 형태이다.

여기서는 글쓰기 작업은 아마 비유로 변해 갈 것이다. 다른 사람을 향한, 또는 다른 사람을 무언가로 대신하려는 것의 초월적 권위는 임상가를 언제나 들떠 있게 한다. 쓰인 것이 쓰는 사람을 넘어선다 해도, 원래 글쓰기 작업은 무한의 자유를 기반으로 쓰는 사람에게 위임된 행위가 아닐까. 그렇다면 우리는 무엇을 쓰고 누구에게 말해야 하는가?

이 질문으로 되돌아오기 위해, 잠시 이 질문은 보류한 채 조금 다른 것을 생각해 보려고 한다.

2. 내러티브라는 텍스트를 읽는다

움베르트 에코(Umberto Eco), 롤랑 바르트(Roland Barthes), 모리스 블랑쇼(Maurice Blanchot), 자크 데리다 등의 작업이 크게 꿈틀거리며 생겨난 텍스트론은 작품에서 텍스트로의 전환, 즉 쓰인 것을 작가의 의도나 지향하는 방향에서부터 해방시키는 데 기여해 왔다. 텍스트란 이야기와는 양립하지 않는다. 오히려 그것에서 벗어난 부분이나 소리가 넘치거나 글을 쓴 사람에게서 멀어져 가기 시작할 때 진면목을 발휘한다. 거기에는 독자의 우위성, 즉 글쓰기 작업이 아닌 읽기가 텍스트를 만들어 낸다는 반전이 있다. 텍스트라는 것은 우리가 읽을 수 있는 것, 의미를 창출하려는 모든 것이며, "독자의 탄생은 '작가'의 죽음에 의해, 대신 얻어지는 것이어야 한다."(Barthes, 1968)고 결론 내릴 수 있다.

텍스트론을 임상에 연결할 때 추구해야 하는 것은 내러티브를 텍스트로서 읽는 마음가짐이다. 원래 다른 사람을 케어하는 직종의 사람들은 내담자/환자의 내러티브를 이야기 라인을 따라가며 읽으면서 그들의 주위나 심정을 이해하도록 훈련되었다. 경청이란, 내러티브를 작품으로서 진솔하게 읽어 내기 위한 기초 기술에 불과하다. 텍스트라는 개념은 메인 이야기나 말하는 사람의 의도를 정확히 파악하는 것만으로는 불충분하다고 선언한다. 내러티브를 텍스트로 본다는 것은 이야기가 보이는 모순 또는 배반의 움직임이나 애매한 부분, 비일관성에 주의를 기울여서 말하는 사람조차도 생각지도 못한, 그렇지만 텍스트 자체가 분명히 알리고 있는 것을 읽어 내는 것이다. 그것은 텍스트로부터 작가(즉, 내담자/환자)의 의식의 심층을 찾거나 의미를 규정하는 숨겨진 구조를 파악하는 것이 아니며, 텍스트 자체가 가진 고유의 의미를 분류하는 것도 아니다.[2] 단지 텍스트에 얼마나 밀착하면서 읽느냐와 관련된 것으로 텍스트가 순간적으로 보이는 표정을 놓치지 않는 능동적이며 생성적인 읽기가 요청될 뿐이다.

내러티브를 텍스트로서 취급하려는 자세의 필요성은 이미 언급한 것처럼 임상이 종종 미지, 타개, 선택, 즉 대안에 대한 가능성의 개척을 염두에 둔 실천이기 때문이기도 하다. 내러티브 의학에서

---

2) 베스트와 마커스(Best & Marcus, 2009)는 '표층적 독해'라는 문장에서 텍스트론이나 문학비평이 텍스트로 읽기를 '심층'이나 '부재'에 치우치게 한 것에 대한 반성으로서 텍스트의 표층에 나타나 있는 문자 그대로의 의미, 물질성, 감정 등이야말로 주의를 기울여야 한다고 제창했다. 텍스트를 읽는다는 것이 문장에 쓰여 있지 않은 심층이나 진상의 규명이라는 듯한 잘못된 읽기를 초래하기 쉽다고 생각하고 그것을 지적한 것은 의미는 크지만, 데리다는 원래 표층과 심층이라는 이분법을 텍스트에 집어넣는 것 자체를 좋아하지 않았는지도 모른다.

는 문학을 비롯하여 여러 가지 텍스트를 꼼꼼하게 독해할 수 있는
능력을 훈련의 기본으로 삼고 있다. 사람들의 내러티브를 단지 작
품으로서만이 아닌, 텍스트로서 읽는 능력은 필수적으로 갖추어야
한다고 믿기 때문이다(Charon, 2006).

그러나 때로는 이처럼 사람들의 내러티브를 텍스트로서 읽는 것
을 받아들일 때, 내러티브의 이야기라는 측면, 다시 말하면 데리다
가 폐기하는 듯한 태도를 보인 에크리튀르에서 회수된 '지금, 여기'
의 파롤이 우리를 당황하게 만들기도 한다. 말하기는 읽을 것인가
읽지 않을 것인가를 선택하기 이전에 우리를 기다리지 않고 이미
흘려가며, 닫고 있을 수 없는 우리의 귀에 도달해 버리는 것이 아닐
까. 무엇을 말하기 전에, 누군가가 거기에 있다는 사실 자체가 우리
를 움직일 수 없게 만드는 것은 아닐까. 이처럼 타인이라는 존재의
절대적인 비중을 '얼굴'로 표현한 엠마뉴엘 레비나스는 말해지는
것과 말하는 것을 이렇게 구분한다.

'말하는 것'의 의미는 '말해지는 것'에서 언어가 담당하는 의미와 혼돈해
서는 안 된다. 그것은 가까움 속에서 타인에 대해 의미하는 것이다. 가까움
은 다른 어떤 관계와도 눈에 띄는 대비를 이루고 있다. 또한, 그러한 가까움
이 사고를 가능하게 되는 것은 그것이 타인에 대한 책임감을 가지는 경우에
한해서인데, 이처럼 관련된 가까움을 인간성 또는 주체성, 때로는 자기라고
도 부를 수 있다(Levinas, 1978).

'말해지는 것'에 이르기에 앞서서, 바로 이런 '말하는 것'에 도달하며, '말
해지는 것'을 '말하는 것'에 환원하지 않으면 안 된다.

다른 사람으로의 '응답(response)'이라는 '책임(responsibility)' 속에서 사람을 꺼내고, 내담자/환자의 말이 우리들에게로의 응답이며, 그 이야기에 대해서 이쪽 역시 응답할 책임이 있다는 것을 시사하는 레비나스의 말이 임상현장에서 도움이 된다는 것은 소박한 실감들을 통해 알 수 있다. 무엇인가를 말하기 전에 이미 누군가 거기에 있다는 것―한숨, 눈부심, 몸을 기울이면서 말하는 것을 들으려고 말투까지 놓치지 않으면서 하는 말을 대하면 말하고 싶어지는 그런 시간이 있다는 것―의 감각은 놓치고 싶지 않다.

그런데 "에크리튀르의 개념이 '랑가주(langage, 역자 주: 프랑스 언어학자 소쉬르의 용어로 인간이 구사하는 언어능력의 총체)'의 개념을 넘어서서, 그것을 포괄한다고 확신한"(Derrida, 1967) 데리다에게는 그것이 단지 마크이고 기호이다. 그 직물로서 텍스트 이전에 존재하는 누군가, 무엇인가는 어디에도 없다. 상처에 소독약을 발라 주면 "아아"라고 신음을 내는 환자의 목소리는 고통의 징표에서 경솔함에 대한 후회, 또는 은밀한 달콤함을 위해 턱밑까지 떠도는 근원이 없는 내러티브이고, 텍스트이며, 한순간 만나서 금방 사라질 모든 것이다.[3]

자기라는 주체와 그 눈앞에 있는 것을 부인해도, 타인의 절대적 가치화에 의해 결국 거기로 회귀해 버리고 만다는 레비나스의 주장을 비판한[4] 데리다는 응답에 대해 다음과 같이 언급하고 있다.

---

3) '눈앞에 있는 형이상학'의 비판을 근간으로 한 데리다의 사고에서는 언제나 의미의 유동성, 비결정성이 강조되고 있었다. 의미가 성립하는 계기를 검토하면서 사회성, 상호성, 관계성을 접목하도록 데리다와 베이트슨의 의사소통이론, 사회구성주의를 서로 참고해 가는 것이 또 하나의 매력적인 토론으로 이어질 것이다.

어떤 응답이든지, 그것이 응답인 한, 자신을 높이 평가하는 뻔뻔함에서 해방되는 일은 결코 없을 것이다. 그 이유는 그러한 응답이 그렇게 타인에 대해서, 이전 타인의 앞에서 했던 것에 의해, 타인이 하는 말에 말려들게 되고, 타인의 말을 어떤 위치에 놓게 되고, 그것을 이해하여 더욱 그런 언어의 주변에 선을 긋고 범위를 확정하는 것이 가능하다고 자부하기 때문이라고만 말하는 것이 아니다. 아마 대응하는 사람은 같은 정도의 경솔함이나 자만함을 가지고 자신이 타인에 대해 이미 알고 있다고 자부한 채, 타인의 앞에서 대응할 수 있다. 왜냐하면 처음으로 자신에게 책임을 가지는 것이 가능하므로 자신이 하는 것, 말하는 것 또는 쓰는 것으로부터 생긴 일은 그 모든 것을 받을 수 있을 것이라고 생각하고 있기 때문이다.

(Derrida, 1993)

데리다의 사고는 투철해서 자기나 타인이거나, 내러티브이든, 그것이 결정되어 움직임을 멈추고 마는 것에 대해서는 어디까지나 멀리했다.

3. 또다시, 글쓰기 작업

내러티브에 가장 중요한 의미를 붙이는 것도, 그것으로 타인을 결정하는 것도, 부여받을 자신의 위치를 굳건히 하는 것조차 할 수

---

4) 1967년 『형이상학 도덕지』에 두 번에 걸쳐서 게재된 「폭력과 형이상학」, 1967년 발행된 『에크리튀르와 차이』가 수록되어 있다.

없다면, 타인을 향한 응답은 불가능하다는 것이 데리다의 주장이었다. 그렇다면 사람들의 내러티브를 앞에 두고 자기 식으로 읽고 즐기려는 '텍스트의 쾌락'(Barthes, 1973)에 오염되어 벗어나지 못하는 임상가에게 어떤 책임을 부여할 것인가? 그것은 아마도 그 때 요구되는 것은, 또는 할 수 있는 것은 글쓰기 작업이라고 생각한다.

작가와 단절되어 있는 독자에게 그 권한을 위임한 텍스트론에서 바바라 존슨(Barbara Jhonson)은 읽기의 폭주를 경계하기 위한 윤리에 대해 이렇게 말하고 있다.

> 독해를 할 때에 따라야 하는 명령이 단 한 가지 있다면, 그것은 지금 자신이 하려는 종류의 독해가 의문에 빠질 수 있다는 점을 항상 염두에 두는 것이다. 따라서 나로서는 인정할 수밖에 없다. 독해의 과정에서 타인의 놀람= 기습을 정면으로 바라보면서, 그것을 더욱 증식시키려는 독해일수록 그 독해는 강력한 것이다. 독자에게 주어진 불가능하거나 불가피한 임무는 놀람 (기습)에 자신을 여는 것이다.
>
> (Jhonson, 1987)

이것을 임상의 윤리로서 알기 쉽게 다른 말로 바꿔도 좋다면, 추구하는 것은 파악하는 것의 불가능성에 인내해 가면서 내러티브와 지속적으로 함께하는 것, 조마조마하지만 내러티브가 불러들이는 일탈이나 예상 밖의 의외성에 놀라면서도 그것을 확장해 가는 것이다. 내러티브를 붙잡는 것도, 그러므로 응답하는 것도 할 수 없는 채로 그저 '놀람(기습)에 자신을 여는 것'은 내러티브에 계속 질문을 하는 것 그리고 거기에 또 다른 내러티브를 겹쳐 가는 것, 즉 글쓰기 작업/에크리튀르에 의해 가능하다. 여기에 이르면, 내러티브 치료는 질문을 계속하여 다른 내러티브—편지나 외부인증자의 다시 말하기, 응답에는 없는 공명—를 쌓아 가는 것을 추구해 온 의미가 보다 명료해질 것이다.

다시 한번 반복하면, 글쓰기 작업/에크리튀르란 의미를 지연시키면서 계속해 가는 것으로서, 언어, 내러티브, 텍스트의 모든 것을 포함하는 비유이다.

그러나 그런 과정에 실제로 글쓰기 작업이 시간과 다성이라는 측면에서 불러들여야 하는 언어의 움직임을 증폭해 가는 이점이 있다는 것은 지금까지의 언급에서 이미 알 수 있을 것이다. 즉각적인 답을 하지 않고 글로 쓰여질 때까지 기다리는 시간, 글쓰기 작업 또는 퇴고에 걸리는 시간, 공유되어 전해 듣게 되는 시간, 그 후 몇 번이고 반복해 가면서 읽기에 열려져 있는 시간이 있다. 그리고 펜이 강조한 것처럼 거기에는 각각 다른 소리가 사용되면서 울려 퍼진다.

제1장에서 본 것처럼 안데르센은 말년에 반영에서 중시해야 하는 것은 '멈춤'과 '다시 생각하기'라는 점을 강조했다. 거기에는 언어라는 씨앗이 어디에 떨어지며, 그리고 무엇을 싹트게 하는가를 지켜보면서 앞으로의 내러티브를 음미하는 시간을 중시하는 자세가 투사되어 있다. '멈춤'과 '다시 생각하기'의 시간은 내러티브를 보호하며, 그것에 의해 태어난 여백은 완충지대이며 때로는 개척지가 된다. "텍스트의 외부는 없다."(Derrida, 1972)고 주장한 데리다를 따라서, 텍스트에 정중하게 맞대응하는 것[5]이다. 즉, 타인으로, 아니면 텍스트로의 그 응답이 어딘가 먼 곳에서 책임이라는 장

소에도 연결되어 있다고 보이는 것은 환상인가?

미루어 두었던 질문으로 되돌아가자. 글쓰기 작업—말하는 것이
건, 그리는 것이건—이 어떤 것을 대상으로 지시하여 잘라 내는 행
위라고 해도, 그것에는 언제나 변화가 존재하므로 거기에 힘이 행
사되는 것을 전적으로 배제할 수 있다고 단언하기는 어렵다. 글을
쓰는 사람이 그 같은 위험부담에 대한 배려를 하지 않는다면 그것
은 용납될 수 없는 일이다. 그러나 지금까지 함께 나눈 것처럼 글쓰
기 작업은 어떤 것에 한 가지 의미를 부여하는 것이 아니며, 그 텍
스트에는 글을 쓰는 사람의 의도나 의의를 넘어선 것—자각하지
못한 특권의식이나 지배, 자기도취적 생각에 빠지면서 지닌 편협
한 시야나 무심함 등—까지도 언제나 기록되어 있다. 그런 것이 스
며들면서 드러난다는 것이 자각이라는 계기의 출발점이 되어, 노
출된 것이 자신을 포함한 읽기와 읽는 사람에 의해 단련되어지는
것이기도 하다.

앞에서 언급한 글 쓰는 작업의 특권과 지배에 대해 오래전부터
관심을 가진 오카 마리는 저서의 각주에 다음과 같이 적었다.

---

5) 텍스트를 정중하게 마주보는 형태라는 의미에서는 조셉 힐리스(Joseph Hillis Miller)
밀라가 권장한 느린 다시 말하기(slow re-telling)와도 일맥상통한다. "좋은 독자란 텍
스트 안에 존재하는 어떤 것을 놓치지 않는 독자이다. 이것은 자진해서 일시 정지한
불신감을 더 이상 기억하지 않는 것처럼, 작품에 대한 불신감을 자발적으로 정지하려
는 읽기 방법이란 전혀 반대의 것을 의미한다. 그것은 프리드리히 니체가 제창한 렌
트로 읽는 것을 의미하고 있다, 그와 같은 독자는 전후관계에 주의 깊게 시선을 나누
면서 춤추기보다는 걷는 느낌으로, 텍스트에 속지 않도록, 열쇠가 되는 한마디 한 구
절에 멈춘다."

발화자의 위치가 어떤 것이냐 하는 것은 발화라는 행위가 끝나고 난 후, 그 발화의 사후 맥락을 통해 보다 명확해진다. 발화자의 위치란 어떤 일을 대해 말하고 그 결과로서 우연히 '내'가 차지하게 되는 위치에 관한 것이다. '나의' 말한 결과로서 타인과의 관계에서 '내'가 어떤 위치를 차지하고 있는 가가 제공된다.

(오카, 2019)

글쓰기 작업, 즉 다음의 내러티브가 없다면, 자신이 어디에 서 있고, 무엇을 받아들이고, 무엇을 없애고, 무엇이 일어나지 않았는지를 발견하는 것도, 검증하는 것도, 변혁하는 것도 할 수 없다. 샤론이 "환자나 환자와의 관계성이 실제에서 어떤 것인지를 보다 근본에서 알 수 있는 것은 글쓰기 작업을 통해서이다."(Charon, 2006)라고 말한 것은 이와 같은 의미를 강조하기 때문이다.

4. 내러티브의 부력: 다중(多重)으로 또는 시처럼

언어가 사실을 확인하거나 어떤 행위를 하는지를 분별하는 것이 아니라고 주장한 데리다의 오스틴 비판[6]은 언어행위론에 대한 것만이 아니라, 언어를 갈라놓으려는 모든 태도에 대한 회의라고 이

---

6) 언어행위론을 둘러싼 데리다와 사르 사이에 있었던 논쟁은 3개의 논문에 의해 이루어지고 있다. 1972년 데리다의 「서명, 사건, 컨텍스트」, 1977년 사르의 「차이 또다시—데리다에게의 반론」, 1977년 데리다의 「유한책임회사」를 통해 알 수 있다(Derrida, 1990).

해할 수도 있다. 그는 시와 (전달이나 설명히는 것으로서의) 산문, 또는 시적 언어나 일상적 언어 등 여러 가지 종류로 나누려는 것을 넘어서서 언어가 당연히 포함하는 '차연'을 강조하고 있다. '하늘이 푸르다'는 사실이며 어떤 일상을 읊은 시이다. 그리고 그것은 모든 의미 사이를 왔다 갔다 하면서 떠돌고 있다.

어떤 양로시설의 오후 다과시간에 함께하고 있었던 때의 일이다. 거실에 컵을 나란히 놓고 있을 때, 엷은 빛깔의 카디건을 걸친 왜소한 여성이 "이 차에는 독이 들어 있다."고 심각한 목소리로 우리에게 말했다. 예상 밖의 일이어서, "어머, 그럼 마시지 않는 게 좋을까요?"라고 되물었다. 그녀는 낮은 목소리로 "잘 마시면 괜찮아요."라고 속삭였다. 순간 어떤 반응을 해야 할지 난감하여 "잘 마신다는 게, 어떻게……?"라고 다시 물어보려는 순간, 그녀는 테이블의 가장자리에 앉아서, 해맑은 표정으로 그날의 홍차를 마시고 있었다.

이 차에는 독이 들어 있다
잘 마시면 괜찮다

우리는 치매에 걸린 사람이 말하는 것과 사실의 격차, 근거가 맞지 않는 것 때문에 때때로 혼란스러워질 때가 있다. 그러나 그런 내러티브를 시로 읽기 시작하면, 그 같은 왜곡을 이해하기 쉽다. 거실의 평온해 보이는 듯한 시간이지만, 지금까지의 생활로부터 단절당한 그녀의 입장에서 자신이 받아들이기 어려운 무언가는 아마도 쓴맛이었을 것이다. 그러나 그녀는 잘 마시는 것이 가능했고, 알지 못하는 방문객을 도와주려고 애썼다. 만약 평가를 위한 기록을 해야 한다면, 그 여성이 가진 환경에 대한 위화감이나 타인에 대한 인지능력 그리고 그것에 대한 대처능력이나 탄력성을 기술하게 될 것이다. 때로는 덧붙여 그녀의 성격적 특성으로서 강요하지 않는 친절함도 적을 수 있을지 모르겠다. 시로 읽는 것이 나에게 그런 것을 가르쳐 준다.

조금 더디게, 언어는 보다 확실하게 시가 되어 간다. 생각해 보면 독이 없는 일상이나 인생은 있을 턱이 없다. 그렇지만 황폐해 지지도 놀라지도 않으면서 잘 마시면 된다. 그녀처럼 동요하지 않으면 더욱 품위 있게 말이다. 시가 머금은 눈에는 양로시설의 광경이 조금은 새롭게 보이기 시작했다. 어떤 사람은 눈을 감고, 유별난 사람은 조금 소리를 높이면서 그들 나름대로 독을 삼키는 방법을 찾고 있다. 나는 그녀에게 세련되게 마시는 법을 듣지 못한 것을 조금 후회했다.

치매를 앓는 사람이 말하는 것을 시 같다고 말하려는 것은 아니다.

고통과 불운을 주문처럼 반복하는 언어도, 직원들의 의례적인 위로도, 서비스 사업자에 대한 항의의 목소리도, 몇 마디밖에 하지 않는 과묵한 사람의 대답도 내러티브라는 씨앗을 여기저기 뿌리는 것이라는 데 착안하는 접근이 가능하다면, 그것은 여러 겹 또는 여러 층이 되어, 시가 되는 것은 아닌가라고 말하고 싶은 것이다. 펜은 오래전에 베이트슨의 '이중 기술'은 '다중 기술' 비유였다는 것을 알아차렸다. 같은 톤으로 말하면, 화이트의 '이중으로 듣기'는 '여러 겹으로 듣기' 비유가 될 수도 있을 것이다. 시처럼 읽는 것은 텍스트로서의 문장 읽기, 여러 겹으로 듣기, 그렇지만 그것만으로는 말하지 못한 무언가까지를 비추는 내러티브를 향한 직유이다.

원래 시는 읽기 전에 들리는 것이다. 시 속에는 듣는 것과 읽는 것이 서로 녹아서 하나로 섞인 것이다. 텍스트는 읽히고, 내러티브는 들리고, 그것은 하나가 되어 거기에 있으며, 그것들과 함께할 때만 우리가 있다.

제15장

표층영성

1. 체호프의 재발견

암센터 개인병동의 어느 병실, 남쪽으로 난 창은 창밖의 풍경을 담고 있다. 한낮, 장마가 끝나는 것을 눈앞에 두고 있어서 하늘은 푸르고 구름들도 떠다닌다. 실내에는 밖의 무더위가 없다. 나는 침대 옆 의자에 걸터앉아서 재택치료에도, 호스피스에도 소극적인 여성 환자와 이야기를 나누고 있다. 4년 전 직장암이 간으로 전이되어 그것을 수술하려고 할 때부터 만나 온 사이다. 이번에는 암이 소뇌까지 전이되어 그와 관련된 수술과 방사선 치료를 끝낸 지 한 달이 지났다. 베이지색 잠옷을 입은 환자는 멍한 얼굴로 양손을 무릎 위에 올려놓았다.

자주 넘어지는 것은 다리 탓인가, 머리 때문인가? 어느 쪽이라고 생각해요?

다리 때문이라고 생각해요.

재활치료가 좀 더 필요하겠네요.

그럴 것 같아요.

다리가 부었네요. 근데, 지난주와 비슷한 것 같네요.

네네.

당신의 다리가 아닌 것처럼 들리네요. 그런데 그렇게 말하면, 다리가 왠지 불쌍한데요.

내 다리가 아닌 것 같아서 병실을 바꾸라고 하는 건가요?

아닐걸요. 간호사들이 당신이 자주 호출버튼을 누르니까, 조금이라도 빨리 와 주려고 널스 스테이션 근처의 병실을 권한다고 생각하는데요.

9호실인가요?

……원래 9(일본어의 고통은 '구루시이', 9는 '구'로 발음이 비슷함)호실이나 4(죽음과 숫자 4는 '시'로 발음)호실은 없어요. 고통이나 죽음을 연상하니까.

여기는 몇 호실인가요?

여기는 6호실이에요.

여기서 문득 로버트 콜스의 이야기가 떠오른다. 뇌 전이의 탓인가, 그녀의 이야기 속도는 1/10 정도로 느리고 약간의 섬망도 나타나고 있다.

병실을 바꾸고 싶지 않은 것은 여기가 좋아서예요?

그러네요.

이것이 다음날 아침에 내가 체호프(Chekhov)의 『6호 병실』을 읽은 이유이다. 여기서 소아정신건강의학과 의사로 퓰리처상 수상작가인 로버트 콜스의 체호프 경험을 소개하지 않으면 안 될 것 같다. 의학부 3학년 때 담당교수인 닐랜드 박사와의 경험에 관한 것이다.

내가 특별히 기억하고 있는 절망적인 날은 장로교 교회재단 병원의 닐랜드 선생님의 방에서 끝났다. 의학부 3학년으로서 나는 젊은 여성의 죽음을 지켜보았다. 그녀는 만성백혈병으로 몇 년 동안 고통을 받고 있으면서 입·퇴원을 반복하고 있었다. 그녀는 생기가 넘치는 지성과 아름다운 용모로 나의 엄청난 걱정과 동시에 흥미를 불러일으켰다. 그녀는 발병하기 전에는 학교에서 학생들을 가르쳤는데, 입원의 빈도가 늘어나면서, 입원 중에 만난 담당 의사들을 조금이라도(문학적이라고까지는 할 수 없어도) 제대로 된 읽고 쓰기를 할 수 있는 인간으로 만드는 것에서 즐거움을 찾고 있었다.

……나는 혼자다. 내일은 시험이다. 그리고 한밤중이다. 오늘은 그녀의 진료를 얼른 끝낼 것이다. 윌라 캐더(Willa Cather)나 유도라 웰티(Eudora Welty), 톨스토이나 체호프, 그들의 세계관이나 방식, 그런 것은 다음으로 넘기자! 병실에 들어가자, 그녀는 곧 나를 봤다. 그리고 미소를 지었다. 그녀가 괜찮다는 것은 이미 낮에 확인을 했다. 그녀는 편안함으로 온화했고 표정은 평소와 같은 고요함을 띠고 있었다. 나는 병실을 나오기 전에 닐랜드 선생님이 지도해 주신대로 무언가 할 게 없는지를 물었다. 선생님이 낮은 목소리로 개방질문을 한다면, 환자는 무언가 말하거나, 요구하거나, '자신의 신념을 강조할 수 있어요?'라고 말했었다. 그녀는 "있어요. 당신은 좋은 의사가 되려고 노력하는 것이 가능해요."라고 말했다. 말투는 언제나처럼 상냥하고 침착했지만, 나에게는 의문이라기보다는 정신의학적 생각이 떠올랐다. 이런 단어. '다음 날 아침 회진을 할 때' 염두에 두어야 할 만한 말들. 그렇게 진료 차트에 써야겠다. 간호사가 복도를 걸어오고 있는 모습이 내 시야의 끝에 보인다. ……내가 침묵하면서 이런 생각들을 하고 있을 때, 그녀는 갑자기 질문을 했다. "여기가 6호 병동이 아니었다면 좋을 텐데." "아니에요."라고 나는 대답했다. "여기는 7층이니까요." 그리고 그 같은 불확실성이 죽음을 향하고 있는 여성의 얼굴을 가로지르고 있는 것을 본 것 같다고 생각한다. 그녀의 혼란을 확신한다. 신체적 상황의 악화, 아니면 아마 지금까지의 치료에 대한 그녀의 생각에 있어서…….

내가 한밤중에 닐랜드 선생님에게 이런 멜랑콜리한 일에 대해서 이야기하자, 선생님은 고개를 가로로 저었다. 선생님은 이 환자를 잘 알고 있고, 예후에 대해서도 알고 있었기 때문에 놀라지 않았다. 나는 선생님이 의자에 등을 기댄 채 6호 병동에서 무엇을 연상하는가라고 물었던 것을 기억하고 있다. 그 순간, 나는 의사로서의 자극적인 직관이나 오해에 대해 한바탕 쏟아냈다. 그것은 상태가 나쁜 사람들이 자주 보이는 추측성장애인데, 학생이었던 나도 이미 오염되어 버린 것이다. 신경질적이고 상세한 나의 설명이 끝나자마자, 선생님은 아무 말도 하지 않았다. 단지, 책상 근처의 서재로 가서 오른손에 한 권의 책을 꺼내서 목차를 살펴본 후, 어떤 페이지를 펼치고 책상 위에 있던 종이를 책갈피로 대신하여 꽂아 주면서, 내게 건넸다. 내가 책갈피의 부분을 펼치자 거기에는 '6호 병동'[1]이 있었다. 그 단편의 첫머리를 재빠르게 읽었던 것을 기억한다. '병원 정원에 아담한 별관이 서 있다……' 나는 그 책을 펼 때, 선생님이 알려 준 페이지를 누르고 있던 내 오른손 엄지의 감각, 그리고(지금은 부끄럽지만) 이 '6호 병실'을 누가 썼는지를 알았을 때의 일을 기억하고 있다. 내가 뭔가 말할 틈도 없이(알았다고 해도 그것을 모르고) 이런 소리를 들었다. "가지고 가세요. 체호프는 의사가 일생 동안 항상 가져야 할 것이에요." …… "그녀는 오랫동안 안 좋은 상태가 계속되고 있었습니다. 죽음이 다가오는 거지요. 그리고 그녀는 인생의 덫에 걸려 조롱당하고 있다고 느꼈을 거예요. 자네는 그런 것의 가장 가까이 있었던 인간으로 '인생'의 대표인 셈이지요. 그러니까, 그녀는 자신에게 계속 일어나고 있는 것을

---

1) 영어 제목은 'Ward No. 6'로 '6호 병동'인데, 일본어판은 '6호 병실' 또는 '6호실'로 병동이 아닌 병실로 표시하고 있다. 어느 쪽도 오역이 아닌 것은 그 무대는 중정에 건축된 정신건강의학과병동이기 때문이다. 그곳에는 한 개의 건물에 병실이 하나밖에 없는 폐쇄병동이었고, 그곳에 5명의 환자가 입원하고 있었다. '6호 병동'이었다면 앞에서 언급한 나의 연상은 일어나지 않았을 것이므로 '6호 병실'이라면 콜스의 대화가 없었을 것이라는 점이 흥미로웠다.

자네에게 말한 거지요. 체호프의 도움을 빌려서."

그런데 내가 콜스의 이야기에 나의 경험을 겹쳐서 생각하는 것은 단지 6호실이라는 단어에서 그녀가 자신이 느끼는 고통을 표현했다는 과장된 읽기에서는 아니다. 닐랜드 교수는 체호프가 기술한 환자의 고통을 꺼내어 그것을 학생인 콜스에게 전달했다. 그리고 콜스는 오랜 시간이 흐른 뒤, 그것을 기록해 두었던 에세이를 기억해 냄으로써 독자들이 어떤 자극을 받을 수 있다면 환자의 고통을 조금이나마 상상해 보는 기회를 제공할 수 있다는 점이다. 이것은 분명히 의학과 문학의 만남에서 가질 수 있는 특전이다.

이러한 경험을 어떤 식으로 이해할 수 있는 것일까? 내러티브는 공명하여 반향을 한다. 담론, 사회적 공유, 커뮤니티, 대화, 대담, 독서, 모놀로그, 이미지 그리고 무의식, 대화에 의해 '6호실'을 읽도록 권유받게 되고, 그것이 『체호프의 의사들』이라는 시화집이나 그 서문에 소개된 체호프의 진료장면이 그려진 유화의 이미지까지 수렴한다. 가스통 바슐라르(Gaston Bachelard)가 "공명은 세상에서 우리 삶의 여러 가지 평면을 확산하지만, 반향은 우리에게 자기의 존재를 심화하도록 권한다. 우리는 공명으로 시를 듣게 되고, 반향으로 시를 말하며, 시는 드디어 우리 것이 된다."(제6장)이라고 언급한 것처럼, "여기는 몇 호실인가요?"라는 환자의 한마디는 공명에 의해 옆으로 연결되어, 반향에 의해 '우리의 것'이 된다. 시의 경험이기도 한 이 경험을 여기서는 특수한 형태의 '영성'의 경험이라고 생각해 보려고 한다.

2. 표층영성

영성은 많은 사람이 언급하기 주저하는 주제이다. 특히, 의학의 영역에서라면 눈에 보이지 않고 측정할 수 없을 뿐 아니라, 무엇보다 통일된 정의가 없는 것 자체를 문제시할 수 있다. 아마 20년 전이라면, '개인의 존재보다 규모가 큰 보다 초월적인 존재와의 연결'이라는 정의가 설득력이 있었을지 모르겠지만, 현재는 이런 정의에 의문을 드러내는 사람들도 많다. 최근에는 '인생의 의미'에 대한 각성을 촉진하는 것으로 이해하는 경우도 많다. 의료관계자가 대응해야 한다고 생각하는 영적인 고통(spiritual pain)이란 대충 건강(물론 신체적·심리적·사회적으로)하지만, 행복감을 느끼지 않는 상태라고 한다면 이해하기 쉬울 것이다.

마이클 화이트는 '윤리와 표층영성−마이클 화이트로의 인터뷰'에서 서양 문화의 영성2)은 내재형(immanent forms), 상승형

---

2) 푸코(Foucault, 1984)는 서양문화사에 있어서 인간 주체의 생성에 대해서 설명하던 중, 도덕적 행위체로서 자기의 구축에 관한 4개의 측면으로 이동하면서 변화하는 것을 주제로 했다. 화이트(2000)는 그 네 가지, 즉 ① 윤리적 실체(진심 어린 배려), ② 주체화=예속의 상태(규칙체계/일정의 가치관이나 생활원리), ③ 금욕주의(자기의 기술, 관계성의 기술), ④ 도덕적 목적론(목표 내지 바라는 최종상태)을 영성적인 미학이라고 표현했다. 화이트는 이런 것들을 참고할 때, 영성과 종교의 개념을 알 수 있다고 보았다. 예를 들어, 영성이나 종교에 관한 대화에서 다음을 물을 수 있다. "내 인생 중에 적절하게 관리하는 책임이 있는 것은 무엇인가?"(윤리적 실체), "그 관리 중에서 관찰하고 있는 것은 무엇인가? 그런 노력의 성공을 판단하기 위해 무엇을 하고 있는가?"(주체화=예속화의 상태), "윤리적인 존재의 추구에 도달하기 위해 자기 형성적 또는 관계 형성적 활동은 무엇인가?"(금욕주의), "인생의 도덕적 발전을 통해서 그들은 무엇이 되려고 하는 것인가?"(도덕적 목적론)를 물을 수 있다.

(ascendant forms) 그리고 내재/상승형(immanent/ ascendant forms)
으로 분류된다고 언급하였다(White, 2000). 상승형 영성이란 '일상
생활보다 높은 수준에 상정되어 있는 평면'을 달성하도록 하는 것
이다. 예를 들어, '신의 축복'을 경험하는 수준으로 상승하는 것과
신의 언어와 생활 사이의 대응을 획득하려는 것을 지향한다. 내재
형 영성은 '일상생활의 표층보다 더 깊은 곳에 상정된 동굴'로 내려
감으로서 달성된다. 예를 들어, '참된 자신'이 되는 것, '인간의 본질
을 접촉하는' 것, '내적인 신에 대한 충성'이 목표이다. 화이트는 대
중심리학을 이 같은 내재형 영성의 한 종류라고 보았다. 내재/상승
형 영성은 '혼이나 영에 접촉하는' 경험을 통해서 달성되며, '자기의
깊은 곳'과 '높이 위치한 신'과의 관계가 언급된다. 어느 것이든지
간에, 영성은 '물질에 입각한 양식'이 아닌, 생활의 위쪽에 있든 아
래쪽에 있든 어떤 '보이지 않는 것'을 경험하는 것이라고 생각한다.
그리고 이렇게 언급한다.

> 나는 현대적인 내재/상승형 영성의 대부분을 무척 아름답다고 생각하며,
> 혼이라는 개념은 프시케라는 개념보다도 미학적으로 훨씬 반가운 것이라고
> 생각한다. 그리고 영적 개념과 관련된 생활의 주장, 가능하다면 윤리라고 말
> 하고 싶지만, 이러한 것을 탐구하는 것에 관심이 있다. 나로서는 물질적 뒷
> 받침이 있는 영성이라고도 부를 수 있는 것에 계속 관심을 가지고 있다.
>
> (White, 2000)

그리고 자신이 영성을 '표층영성(spiritualities of surface)'라고 부
르며, 그것에 관해 다음과 같은 특징을 언급하고 있다.

표층영성은 물질적 존재와의 관계를 없애는 것이 아닙니다. 그것은 사람들의 정체성 프로젝트라는 형태에서, 그리고 사람들이 자기 형성에 대해 알기 위해 내딛는 첫걸음에서 읽어 내는 것이 가능한 영성입니다. 이러한 형태의 영성은 사람의 개인적 윤리에 관여하며, 사람이 자신의 생활을 내딛을 때의 존재 사고양식에 관여하며, 생활스타일의 성공을 위해 사람들이 하게 되는 배려에서 반영됩니다. 이것은 종종 부여된 자기상이 아닌 별도의 자기가 되는 것과 관련이 있다는 점에서 변용적 영성입니다. 비물질적인 것에는 관여하지 않고, 보이는 것에 관여하는 형태의 영성입니다. 다시 말하면, 이것은 푸코가 자기의 윤리에 관한 저작에서 언급한 영성에 속합니다(White, 2000).

그런데 닐랜드 교수가 젊은 콜스에게 했던 것은 일종의 자문이지만, 그것은 의사가 갖추어야 할 이념이나 의사로서의 진정한 성장에 대한 자각을 촉진하는 조언이 아니라, 어떤 책의 한 페이지를 제시한 것이다. 그것을 '내가 특별히 기억하고 있는 절망적인 날'로 콜스는 기억하고 있다. 그 에세이를 읽고 있던 나는 환자와 대화하는 속에서 '여기는 몇 호실인가요?'라는 언어를 만나자, 그 경험을 풍부하게 할 준비가 이미 되어 있었다. 그것을 표층영성의 공명과 반영에 의한 자문이라고 생각할 수는 없을까? 화이트는 표층영성의 이미지로서 호주의 작가 데이비드 말루프(David Malouf)의 시학을 인용해 본다.

내가 있는 세계의 풍요로움에 사람들의 손이 닿도록 하는 일, 즉 일상의 매일매일의 생활에서 밀도를 가지게 하는 것이 문화 본연의 일입니다. 그것은 아마 언어의 두 가지 의미에서 나의 의식을 풍성하게 합니다. 즉, 주위의 어떤 사물에 대해 감수성을 높이는 것과 가장 선명한 방법으로 감각을 드러내는 것입니다. 그것은 그 모든 것을 의식으로 '가져오고', 거기서 제2의 생명을 탄생시키기도 합니다. 그렇게 되면 우리들은 길들여진 세계를, 사실에 기초하게 할 뿐 아니라 동시에 상상력으로 소유하는 것이 가능합니다.

(Malouf, 1998, p. 35)

시는 어떻게 마음의 깊은 것을 느끼게 하며, 설사 그렇게 하지 못하더라도 기록되지 않은 것을 소리로 만들어 내는 것일까? 보다 간단명료한 언어가 사용되는 것은 아니지만, 오히려 그것이 언제나 가능하지 않기 때문에 정확한 언어가 사용되는 것이다. 독창적이면서도 반복되는 사건, 일상에 존재하는 작은 비밀스러운 흔적, 심장의 고동과 같은 우리 주위에 있지만, 표현하기 어려운 것의 장대함과 공포의 증후, 그것은 우리들의 다른 역사이며, 사건의 잡음과 떠들썩한 가운데 소리 없이 진행되는 것이다. 그것은 이 행성의 생활에서 매일 일어나는 것의 대부분으로, 시작부터 끊이지 않고 이어지고 있는 것이다. 시는 거기서 만나게 되는 언어를 발견하는 것으로, 대개 보이지 않아서 말해지는 것도 없는 것에 중요성을 가미하는 것이다. 시가 우리 모두를 연결하는 것은 그것이 우리들 한 명 한 명의 중심에서 직접 말해지고 있기 때문이다. 자신들도 경험했지만 그것을 언어로 만드는 경험을 하지 못한 사람들에게, 예를 들어 시가 말하고 있거나 말거나, 우리가 자신의 것으로서 그것을 안다고 해도 자태를 드러내는 것이다.

(Malouf, 1991, pp. 282-284)

그렇다면 표층영성의 케어는 어떤 형식을 갖는가? 화이트의 내

러티브 실천이 하나의 답이 된다고 생각하는 것은 그것을 케어라고 부를 것인가를 논외로 해도, 실제로 그런 효과를 얻고 있는 것을 어떻게 설명할 것인가?

3. 심리치료를 받은 기분

3개월에 한 번씩 놀러 오는 것처럼 진료를 받으러 오는 60대 남성의 조현병 환자와 대화

리스페리돈은 2알을 먹으면 너무 안정돼서, 사람들에게 싫다고 말하지 못한다.

뭐가 어렵지?

한턱 내라고 말해도, 지금 아파트에 갈게라고 말해도 거절을 못한다.

그렇구요.

오늘 구두 좋네요.

낡은 것이에요. 오랜만에 신고 왔다.

그런데 새것과 같다. 갈색의 베스트와 코디했네요. 멋쟁이네.

그런가요?

멋부리지 않게 되면 안 돼요.

인격이 황폐하네요.

아, 맞는 말이네요.

나는 조현병이 아니니까요. 주치의가 심리치료를 해 주지 않아요. 잠은 잘 자는가, 잘 먹고 있는가, 약은 잘 복용하는가의 그 세 가지밖에 안 물어.

그건 초부네요. 몇 살 정도.

40세는 되었나.

기본이 중요하니까요, 계속 초보자로 있는 사람도 있지요. 결국 3개를 물을 거라면, 잠은 잘 자느냐, 잘 먹고 있는가, 설 수 있는가네요.

3대 욕망인데요.

그래도 인격 황폐는 좋네요.

심심풀이가 가장 무섭다고 생각하고 있어요.

그 단어를 선택하는 센스가 좋네요. 왜 좋은지 알아요?

모르겠어요.

그건, 자신의 경험에 가깝기 때문이야. 빌린 게 아니니까. 그런 걸 소중히 하지 않으면.

옛날부터 그렇게 생각하고 있었어요.

그런 멋진 것을 말할 곳이 없다는 게 슬퍼요. 데이케어는 차를 마시고 작업을 하는 게 전부에요.

정말, 그렇군요. 오늘은 심리치료를 한 기분이에요.

좋네요, 그건 오늘의 구두를 지적한 내가 훌륭해. 멋있게 입고 온 당신도 물론 훌륭하고, 조현병이라고 불리고 싶지 않아서 그것을 공부하고, 인격 황폐를 심심풀이라고 바꾼 당신이 더욱 훌륭해.

그러네요.

 **마치면서**

내러티브 자문이라는 단어가 형태를 가지게 된 것은, 어느 날 고모리 야스나가 씨가 지나가는 듯이 했던 한마디가 계기가 되었다.

"내러티브라는 말은 부사로 사용하는 편이 좋을지도 모르겠군요."

내러티브 의학의 주된 뿌리의 하나는 '창조적 기술/창조적 집필(creative writing)'에 최근 5~6년간 열정을 쏟으면서 여기서 일어나고 있는 것은 도대체 무엇인가라는 생각을 계속해 온 것이다. 본문에서도 다루고 있는 것처럼 내러티브 의학은 교육프로그램이며, 내러티브의 역량을 향상시키기 위한 훈련이다. 그렇지만 사람들을 케어하는 직군이 모여서, 글쓰기 작업을 공유하는 공간은 각각의 능력 향상을 넘어선 질과 양으로 넘쳐 있었다. 거기에는 사례나 상황이 하나의 옳음을 향해서 모여 가는 것이 아니라, 덧쌓아 가는 세계가 되어 일어나는 것을 받아들이면서 걸어가는 것 같은 시간이었다. 이것은 임상적 사건이나 경험을 '내러티브적으로' 하는 그런 자문이라고 그때는 그렇게 납득했다.

내러티브 치료에 대하여 사람들에게 말할 기회가 있을 때마다 자주 듣게 되는 것은, 그 매력은 이해할 수 있는데, 실제로 임상에 적용하기에는 허들이 높다는 소리이다. 확실히 일하는 상황이 다양한 사람들을 케어하는 직업군의 사람들이 내러티브 치료적 면담 과정을 바로 지금 적용하는 것은 어려움이 앞설지도 모른다. 그렇지만 그런 말을 들을 때마다 자신의 임상을 조금이라도 '내러티브적으로' 해 나간다면 가능할 것이라고 대답하고 싶은 마음이 있었다. 자문은 전문직 협력이며, 그것에는 투명성과 안전성이 담보되어 일정한 시행착오도 허용되는 공간이다. 우선, 여기서부터 내러티브 연습을 위한 여행을 떠나 보라고 권유하고 싶다. 차츰 보이는 것에 감탄하면서 탐구를 계속해 간다면 어떤 때 문득 보고 싶었던 것이 바로 이것이구나 하는 풍경을 만나게 되는 내러티브 감각을 경험할 것이다. 그러한 경험과 마주하게 되는 사람들이 늘어날 수 있기를 바라고 있다.

이 책을 만드는 것 자체가 내러티브 자문의 실천이었다. 같은 것을 둘러싸고 글을 쓰고 있어도 관점이 반드시 일치하는 것은 아니며, 각도나 말투 역시 다르다. 여러 곳에서 뒤틀림, 틈, 중복이 있다. 이러한 부분을 읽는 데 어려움이 있으리라는 것도 알지만 그런 확산을 자유자재로 즐기면서 읽어 줬으면 하고 생각한다. 두 사람 사이에 매일매일 교환되는 말과 중복되는 시간이 서로의 세계를 새롭게하며, 호기심이 가득 찬 장소로 데려다준다. 그러한 감각의 확실성만을 의지하여 어떤 것이 만들어질지 모르는 채 작업은 진행되었다. 우리 또한 도착하는 과정의 광경에 놀라고 있다.

이 책의 편집 작업을 담당해 준 타카시마 테츠야 씨에게 감사드린다. 그리고 무엇보다 게재를 흔쾌히 허락해 준 분들을 비롯해서, 지금까지 멋진 병렬차트나 반영을 우리 둘에게 보내 준 모든 분에게도 마음으로부터 우러나오는 감사를 전한다.

2022년 1월 28일
관음의 날에
아다치 에이코

참고문헌

アントン・チェーホフ『犬をつれた奥さん』(松下裕訳)『チェーホフ全集8』
　　ちくま文庫
アントン・チェーホフ『敵』(松下裕訳)『チェーホフ全集4』ちくま文庫所収
ウィンズレイドの論考のいくつかは下記のサイトでオープンアクセスと
　　なっている.
ウラジーミル・ナボコフ(小笠原豊樹訳)『ナボコフのロシア文学講義(下)』
　　河出文庫
ドゥルーズの多くの著作は河出文庫で読むことができる. 本稿で参照し
　　たものは以下の通りである:『ニーチェの哲学』(1962/英訳1985),
　　『Foucault』(1986/1988),『意味の論理学』(1969/1990),『差異と反
　　復』(1969/1994),『記号と事件』(1990/1997),『襞』(1988/1992),『哲
　　学とは何か』(&Guattari)(1991/1994),『ディアローグ』(&Parnet)
　　(1996/2002)
小森康永(2015)ナラティヴ・メディスン入門, 遠見書房
ハン・ガン(斎藤真理子訳)回復する人間, 白水社, 2019(原書は『黄色い
　　模様の永遠』2012・英訳は「エウロパ」のみHan Kang. Europa.
　　Strangers Press, 2019)
ハン・ガン(井手俊作訳)少年が来る, CUON, 2016(原書は2017・英訳は
　　Han Kang. Human Acts. Granta Books, 2016)

ボルヘス(堀内研二訳)夢の本, 河出文庫, 1983/2019

レイモンド・カーヴァー『象/滝への新しい小径』(村上春樹訳)『カーヴ
　　ァー全集6』所収

岡真理. (2019)彼女の「正しい」名前とは何か[新装版]. 青土社.

Abbado, C. (1998). *Chamber Orchestra of Europe*. Don Giovanni.

Andersen, T., & Jensen, P. (2007). Crossroad. In Anderson, H., &
　　Jensen, P. (Eds.) *Innovations in the reflecting Process*. Karnac.

Andersen, T. (1987). The reflecting team: Dialogue and meta-dialogue in
　　clinical work. *Family Process, 26*(4), 415-427.

Andersen, T. (1987). Reflecting Team: Dialogue and meta-dialogue in
　　clinical work. *Family Process, 26*, 415-428

Andersen, T. (1992). Reflections on Reflecting with Famililies. In
　　McNamee, S&Gargen, K. J. (Eds.) *Therapy as social construction*.
　　Sage pub. [野口裕二・野村直樹訳 (2014). リフレクティング手法を
　　ふりかえって. ナラティヴ・セラピー: 社会構成主義の実. 遠見書
　　房]

Andersen, T. (2007). Reflecting talks may have many versions: Here is
　　mine. *International Journal of Psychotherapy, 11*(2). 27-44.

Andersen, T. (Ed.) (1991). *The reflecting team: Dialogues and dialogues
　　about the dialogue*. Norton. [鈴木浩二監訳 (2001). リフレクティン
　　グ・プロセス―会話における会話と会話. 金剛出版]

Anderson, H. (1997). As if. In *Conversation, Language and Possibilities*.
　　Basic Books, pp. 235-242. 野村直樹訳, ワークショップアズ・イフ
　　(あたかも). 小森康永・野村直樹編集 (2003). ナラティヴ・プラク
　　ティス, 現代のエスプリ, 至文堂, 183-194.

Barthes, R. (1971). *Introduction AL'analyse Structurale des Recits*.
　　Editions Seuil. [花輪光訳 (1979). 物語の構造分析. みすず書房]

Bochner, A. P., & Ellis, C. (2016). *Evocative Autoethnography: Writing Lives and Telling Stories*. Routledge.

Boscoolo, L. et al. (1987). *Milan Systemic Family Therapy: Conversations in Therapy and Practice*. NY. Basic Books. [鈴木浩二監訳 (2000). 家族面接のすすめ方: ミラノ派システミック療法の実際. 金剛出版]

Brown, R. (1995). *The Gift of the Body*. Harper Perennial. [柴田元幸訳 (2001). 体の贈り物. マガジンハウス]

Caplan, G. (1970). *The theory and practice of mental health consultation*. Basic. Books.

Charon, R. (2006). *Narrative Medicine*. Oxford. Univ. [斎藤清二, 他訳 (2011). ナラティブ・メディスン. 医学書院]

Charon, R. et al. (2017). *The Principles and Practice of Narrative Medicine*. Oxford Univ. [齋藤清二ほか訳 (2018). ナラティブ・メディスンの原理と実践. 北大路書房]

Coles, R. (1984). The Wry Dr. Chekhov. *American Poetry Review*, July/August

Denzin, N. (2013). *Interpretive Autoethnography*. Sage Publications.

Derida, J. (1967). *De la gramatologie*. Les editions de Minuit. [足立和浩訳 (1972). 根源の彼方に―グラマトロジーについて(上・下). 現代思潮新社]

Derrida, J. (1967). *La Voix et le Phenomene*. Presses Universitaires de France. [林好雄訳 (2005). 声と現象. ちくま学芸文庫.]

Derrida, J. (1972). *La Dissemination*. Editions du Seuil. [藤本一勇, 他訳 (2013). 散種. 法政大学出版局]

Derrida, J. (1990). *Limited, Inc*. Galilee. [高橋哲也, 他訳 (2002). 有限責任会社. 法政大学出版局]

Derrida, J. (1993). *Passions*. Editions Galilee, [湯浅博雄訳 (2001), パッション. 未来社]

Ellis, C. (1995). *Final negotiations: Astory of love, loss and chronic illness*. Temple Univ.

Fox, J. (1995). *Finding what you didn't lose: Expressing your truth and creativity through poem-making*. TarcherPerigee.

Griffith, J. L. (2010). *Religion that heals, religion that harms*. The Guilford Press.

Hedtke, L., & Winslade, J. (2017). *The Crafting the Grief: Constructing Aesthetic Responses to Loss*. Routledge. [小森康永・奥野光・ヘミ和香訳 (1990). 手作りの悲嘆. 北大路書房]

Iser, W. (1976). *Der Akt Des Lessens*. Wilhelm Fink Verlag. [轡田収訳 (1982). 行為としての読書. 岩波書店]

Jhonson, B. (1987). *A World of Difference*. Johns Hopkins University Press. [大橋洋一, 他訳 (1990). 差異の世界. 紀伊國屋書店]

Levinas, E. (1978). *Autrement qu'etre ou au-delade l'essense*. Kluwer Academic Publishers. [会田正人訳 (1999). 存在の彼方へ. 講談社学術文庫]

Malinen, T., et al. (eds.) (2012). *Master of Narrative and Collaborative Therapies: The voices of Andersen, Anderson, and White*. NY. Routlege. [小森康永ほか訳 (2015). 会話・協働・ナラティヴ: アンデルセン・アンダーソン・ホワイトのワークショップ. 金剛出版]

Miller, H. (2002). On Literatuire. Routledge. [馬場弘利訳 (2008). 文学の読み方. 岩波書店]

Nachmanovitch, S. (1990). *Free Play: improvisation in life and art*. TarcherPerigee. [若尾裕訳(2014). フリープレイ: 人生と芸術におけるインプロヴィゼーション, フィルムアート社]

Paz, O. (1967). *El arcoyla lira, Mexico*. Fondo de Cultura Economica. [牛島信明訳 (1980/2011). 弓と竪. 岩波文庫]

Penn, P., & Frankfurt, M. (1994). Creatingaparticipant text, writing, multiple voices and narrative multiplicity. *Family Process, 33*, 217-231.

Penn, P., & Frankfurt, M. (1994). Creatingaparticipant text, writing, multiple voices and narrative multiplicity. *Family Process, 33*, 217-231.

Penn, P., & Frankfurt, M. (1999). A circle of voice. In McNamee, S. & Gergen, K. (eds.), *Relational Responsibility*, 171-179. CA. Sage Publications.

Penn, P. (1985). Feed-Forward: Future questions, future maps. *Family Process, 24*, 299-310.

Penn, P. (2001). Chronic illness: Trauma, language, and writing:Breaking the Silence. *Family Process, 40*(1), 33-52.

Penn, P. (2001). *So Close*. NJ. CavenKerry Press.

Penn, P. (2009). *Joined Imaginations*. OH. ATaos Institute Publication.

Penn, P. (2011). *My Painted Warriors*. NJ. CavenKerry Press.

Prosek, J. (2000). *Eels: An Exploration, from New Zealand to the Sargasso, of the World's Most Mysterious Fish*. Harper Collins Publishers. (小林正佳訳, ウナギと人間, 築地書館, 2016)

Richardson, L. (1996). Writing a Method of Inquiry. In *Handbook of qualitative research*. N. K. Denzin & Y. S. Lincoln. Sage Publocattions. (「書く: 一つの探求方法」質的研究ハンドブック3巻. 平山満義監訳. 北大路書房. 2006. 所収)

Ricoeur, P. (1985). *Temps et Recit ToemⅢLe temps raconte*. Paris. Editions du Seuil. [久米博訳(1990). 時間と物語Ⅲ: 物語られる時間. 新曜社]

Roberts, M. (2009b). ursive and Connecting Dialogues: Spoken and written conver-sations *Journal of Systemic Therapies, 28*(4), 12-25.

Roberts. M. (2009a). Writing and Reflecting Process: ADialogue with

Tom Andersen and Peggy Penn. *Journal of Systemic Therapies,*
28(4), 61-71.

Sontag, S. (1978). *Illness as metaphor.* Farrar, Straus and Giroux. [富山太
佳夫訳 (1982). 隠喩としての病い, みすず書房]

Sparks, J., Ariel, J., Coffey, E., & Tabachnik, S. (2011). A fugue in four
voices: Sounding themes and variations on the reflecting team.
Family Process, 50(1), 115-128.

Weingarten, K. (1995). Radical listening: Challenging cultural beliefs for
and about mothers. In K. Weingarten (Ed.), *Cultural resistance:*
Challenging beliefs about men, women, and therapy(pp. 7-22).
New York/England: Harrington Park Press/Haworth Press.

Weingarten, K. (2010b). Reasonable hope:Construct, clinical
applications, and supports. *Family Process, 49*(1), 5-25.
https://www.aberdeengettingitright.org.uk/wp-content/
uploads/2020/04/Reasonable-Hope.Pdf

White, M. (1995). *Re-Authouring Lives: Interviews & Essays by Michael*
White. Dulwich Center Publications. 小森康永・土岐篤史(訳)
(2000) 人生の再著述. ヘルスワーク協会.

White, M. (1997). *Narratives of Therapists' Lives.* Dulwich Center
Publications. 小森康永(監訳) (2004) セラピストの人生という物語.
金子書房.

White, M. (2007). *Maps of Narrative Practice.* W. W. Norton. 小森康永・
奥野光(訳) (2009)ナラティヴ実践地図. 金剛出版.

White, M. (2000). An exploration of aesthetics. Context: magazine
for family therapy and systemic practice, February 2000, No. 47
(*Reflections on Narrative Practice: Essays & Interviews* に再録)「禁
欲主義探究」.

White, M. 第8章倫理と表層スピリチュアリティ：マイケル・ホワイトへ

のインタビュー(マイケル・ホイト, ジーン・コム)

Winslade, J. (2009). Tracing Lines of Flight: Implications of the work of Gilles Deleuze for Narrative Practice. *Family Process, 48*(3), 332-346.

Winslade, J. & Hedtke, L. (2008). Michael White: Fragments of an event. *The International Journal of Narrative Practice and Community Work, 2*, 5-11.

Wyatt, J., Gale, K., Gannon, S., & Davies, B. (2011). *Deleuze & Collaborative Writing: An Immanent Plane of Composition* (Complicated Conversation: ABook Series of Curriculum Studies), Peter Land, New York.

Бахтин, М. М. (1975). Слововромане. ИЗпреадыстоииромannояос лова. Москва. [伊東一郎訳 (1996). 小説の言葉. 平凡社]

찾아보기

인명

내용

저자 소개

고모리 야스나가

1960년 기후현에서 출생
기후 대학교 의학부 졸업 후 동 대학교 소아과에 근무
미국 MRI(Mental Research Institute)로 유학
나고야 대학교 의학부 정신신경과 근무
현 아이치현 암센터 정신종양과 부장
집필 장: 3장, 4장, 6장, 7장, 8장, 9장, 12장, 15장

〈저서〉
암과 거짓과 비밀(공저, 2022), 내러티브 의학 입문(2015), 생리 · 심리 · 사회 접근
(공저, 2013), 내러티브 실천 재방(2008) 외 다수

〈역서〉
나의 영성(2022), 치료자의 인생이라는 이야기(2018), 이야기로서의 기록(2017)
외 다수

아다치 에이코

1962년 동경 출생
릿코 대학교 사회학부 졸업
릿코 대학교 대학원 사회학연구과 박사과정전기 응용사회학 전공 수료
현 다이쇼 대학교 사회복지학부 교수
집필 장: 1장, 2장, 5장, 7장, 10장, 11장, 13장 14장

〈저서〉
내러티브 치료의 대화(공저, 2020), 아동 가정지원론(공저, 2018)

〈역서〉
모든 이의 영성(공역, 2020), 그래픽 의학 매네페스트(공역, 2019)

역자 소개

김유숙

1987년 도쿄 대학교 의학부 정신건강교실 임상심리전공(보건학 박사)
현 서울여자대학교 교육심리학과 명예교수
　한스카운셀링센터 책임슈퍼바이저

〈저서〉
가족상담(4판, 학지사, 2022), 가족도 치료가 필요한가요?(지식프레임, 2021), 가족평가(공저, 학지사, 2017), 놀이를 활용한 이야기치료(공저, 학지사, 2013) 외 다수

〈역서〉
카산드라 증후군(공역, 학지사, 2023), 가족치료의 기술(3판, 공역, 학지사, 2021), 애착 이야기치료(공역, 학지사, 2021), 가족놀이치료(공역, 학지사, 2015), 존엄치료(학지사, 2011) 외 다수

내러티브 자문
-치료를 위한 글쓰기 작업이 열리는 임상 공간-
Narrative Consultation

2023년 7월 10일 1판 1쇄 인쇄
2023년 7월 15일 1판 1쇄 발행

지은이 • 고모리 야스나가 · 아다치 에이코
옮긴이 • 김유숙
펴낸이 • 김진환
펴낸곳 • ㈜**학지사**
　　　　04031 서울특별시 마포구 양화로 15길 20 마인드월드빌딩
대표전화 • 02-330-5114　　팩스 • 02-324-2345
등록번호 • 제313-2006-000265호

홈페이지 • http://www.hakjisa.co.kr
인스타그램 • https://www.instagram.com/hakjisabook

ISBN 978-89-997-2923-2 93180

정가 16,000원

│ 출판미디어기업 학지사
간호보건의학출판 **학지사메디컬** www.hakjisamd.co.kr
심리검사연구소 **인싸이트** www.inpsyt.co.kr
학술논문서비스 **뉴논문** www.newnonmun.com
교육연수원 **카운피아** www.counpia.com